THEO MÜLDERS · KACHELE ON KLENKER

Die Illustrationen schuf Laurens Goossens

ISBN 923140-15-0
Gesamtherstellung:
Joh. van Acken, Druckerei und Verlag, Krefeld

THEO MÜLDERS

Kachele on Klenker

KURZGESCHICHTEN UND GEDICHTE VOM
NIEDERRHEIN IN HEIMISCHER MUNDART

Erstausgabe 1950

1985

VERLAG JOH. VAN ACKEN · KREFELD

Niemand vergeet het lied
Dat eens zijn moeder zong.
Zingt onder't werk een vroolijk lied
Geen baas of knecht, die't U verbiet.
Waar de man en liedje leert,
Hoort men zelden 't woord verkeerd.

Vlämisch

Kachele on Klenker

von Theo Mülders

Kurzgeschichten und Gedichte vom Niederrhein in heimischer Mundart

Originaltitel der Erstausgabe 1950

Ein Wort in Sachen Mundart

„Ist Mundart wieder salonfähig?" war schon 1976 das Monatsthema der Zeitschrift „Neues Rheinland" des Landschaftsverbandes Rheinland.

Es wird wieder über Mundart gesprochen. Warum man heute Platt sprechen darf, ohne sich dessen schämen zu müssen, wollen wir nicht ergründen. Dieses Rückfinden ist das Schöne für all unsere Mundartschriftsteller, die ihre Gedichte, Erzählungen und Stöckskes nicht nur zur Selbstdarstellung geschrieben haben. Mundart ist heute schon Zeitgeschichte und gereicht vielen Menschen zur Freude. Es ist ein Erlebnis, unseren Mundartdichtern zuzuhören. Sie haben Bleibendes geschaffen. Dafür sind wir dankbar.

Wie aber ist es um die Pflege der Mundart bestellt? Längst gibt es für die „Dichter des Volkes" nicht mehr die Verbreitungsmöglichkeiten in den kleinen ortsgebundenen Heimatzeitungen, die die Vielfalt der einzelnen Mundarten berücksichtigen konnten. Das Angebot in gedruckter Mundart ist gering, der Bedarf wohl größer als je zuvor. Nur der kleinste Teil der Arbeiten erscheint heute noch als Buch. Das führt zu der irrigen Annahme, die Mundart-Schreibenden stürben aus. Öffentliche Mittel fließen immer spärlicher. Dabei wäre es eine Aufgabe von Verwaltung und Schulträgern, Mundart als ein Stück unseres Kulturgutes systematisch zu fördern.

Damit unsere schöne Mundart nachlesbar bleibt, drucken wir das vorliegende Buch in unveränderter Form nach. Wenn Mundart bestehen will, muß sie eine angemessene Schreibweise haben, damit sie für jedermann lesbar wird und bleibt. Sie ist unsere Muttersprache. Als solche ist sie mit umfassenden Eigenschaften ausgestattet. Sie gibt sich kraftvoll, zärtlich, behutsam, träumerisch, grob oder schöpferisch. Sie ist von unendlicher Aussagekraft.

Möge dieses Buch einen guten Weg nehmen und unserer geliebten Muttersprache neue Freunde gewinnen.

Verlag Joh. van Acken
Heinrich Kaltenmeier

Krefeld, im März 1985

Unsere Mundart

Bis zum Ausgange des Mittelalters kannte man in Deutschland keine einheitliche Sprache. Auch die kaiserlichen und fürstlichen Kanzleien bedienten sich der Sprache ihrer Landschaft, sofern nicht die lateinische Sprache üblich war. Eine Verständigung zwischen entfernt liegenden Gebieten war oft schwer; deshalb waren die Bestrebungen auf Vereinheitlichung der Sprache gerichtet. Maßgebend wurden im Laufe der Zeit die kaiserliche Kanzlei in Wien und die sächsische in Wittenberg, die sich allmählich näher kamen. Gefördert wurden diese Bestrebungen durch die im fünfzehnten Jahrhundert erfundene Buchdruckerkunst. Endlich hat Martin Luther durch seine Bibelübersetzung den Sieg des Hochdeutschen herbeigeführt oder wenigstens sehr viel dazu beigetragen, daß es Allgemeingut des deutschen Volkes geworden ist.

Die hochdeutsche Sprache hat aber damals an der sogenannten p-t-k-Linie (maken — machen, ek — ech usw.) auch Benrather Linie genannt, haltgemacht. Diesseits dieser Linie, im Gebiete der Niederfranken, hat man an der alten niederdeutschen Sprache festgehalten. Vor etwa 120 Jahren kannte man am unteren Niederrhein, insbesondere in den Kreisen Geldern, Kleve und in der Grafschaft Moers, die hochdeutsche Sprache noch nicht. Auch in Kirche und Schule bediente man sich der niederrheinischen Mundart.

Diese Verhältnisse änderten sich erst nach dem Untergang der französischen Herrschaft. Die preußische Regierung führte seit 1821 das Hochdeutsche in den amtlichen Verkehr und in die Schulen ein, und der Bischof von Münster verordnete, daß die Geistlichen in ihren Predigten sich fortan des Hochdeutschen bedienen sollten.

Diese Verordnung konnte nur allmählich durchgeführt werden, da manche Pfarrer nur der heimischen Sprache mächtig waren. Noch im Jahre 1832 gab der Bischof von Münster, Caspar Max, durch Publikandum vom 28. Januar im Einverständnis mit der Königlichen Regierung die Absetzung des Pfarrers Tilmanns aus Straelen bekannt, weil er sich weigerte, hochdeutsch zu predigen. Die Erregung über diese Absetzung war unter den guten Straelenern so groß, daß der neue Pfarrer Davids unter militärischen Schutz eingeführt wurde. In Kevelaer hat Lehrer Busch, dessen Tagebuch noch vorhanden ist, in den dreißiger Jahren des vergangenen Jahrhunderts die hochdeutsche Sprache in der Volksschule eingeführt.

Das ganze niederrheinische Volk sprach aber wie bisher weiterhin seine Mundart. Vor 50 bis 60 Jahren hörte man sowohl in den einzelnen Familien wie auch in öffentlichen Lokalen kaum ein hochdeutsches Wort.

Das ist heute wesentlich anders geworden. Schon durch den Zuzug der Fremden war man gezwungen, sich der hochdeutschen Sprache zu bedienen, wenn es auch manchmal schwer fiel. Auch in den Familien wurde die hochdeutsche Sprache immer mehr eingeführt, so daß heute die Gefahr nahe liegt, daß die Mundart nach und nach verschwindet. Es wäre aber bedauernswert, wenn das schöne, alte Kulturgut, das uns von den Vorfahren in der Mundart überkommen ist, der Vernichtung preisgegeben wäre.

Leider fehlt es uns am unteren Niederrhein von jeher an mundartlicher Literatur oder vielmehr an der schönen Literatur überhaupt. Seit jenen Tagen, als Heinrich von Veldecke am Hofe des Herzogs von Cleve seine Minnelieder sang — es war um das Jahr 1200 — ist auf dem Gebiete der schönen Literatur nicht allzuviel geleistet worden, auch nicht an mundartlicher Literatur.

In Norddeutschland wurde und wird auch heute noch die Mundart sehr viel mehr gepflegt als bei uns. Dort haben auch große Dichter ihre Werke in plattdeutscher Sprache verfaßt. Ich nenne Klaus Groth, Fritz Reuter und John Brinkmann. Auch unsere Mundart ist sehr wohl dazu angetan, zu literarischen Arbeiten verwertet zu werden. Verfehlt wäre es aber zu glauben, unsere Mundart eigne sich nur zu humoristischen Fastnachtsscherzen. Wer von diesem Gedanken ausgeht, kennt die Schönheiten unserer Muttersprache nicht. Spricht doch aus ihr eine Behäbigkeit, fröhliche Genügsamkeit und Gemütstiefe, die jedem Kenner das Herz warm macht. Wer aber tiefer in sie eindringt, dem erschließt sie einen Wohllaut, eine melodiöse Klangfülle und einen Bilderreichtum, wie solche im Hochdeutschen kaum vorhanden sind.

„Ist doch die hochdeutsche Sprache den Mundarten gegenüber ein künstliches Gebilde. Nur in den Mundarten ist wirkliches, ursprüngliches Sprachleben." (Dr. Lamay)

Nirgendwo prägt sich des Volkes Kraft und Gemüt so schön aus wie in der Mundart. Von Freud und Leid der Menschenseele jedes Stimmungsbild voll und ganz auszuspiegeln, das ist nur der Mundart gegeben. Regungen, die wir im Hochdeutschen nicht aussprechen können, weil uns dafür der passende Ausdruck fehlt, — die Mundart kleidet sie alle in Worte und Laute.

An uns liegt es, die Schönheiten unserer plattdeutschen Muttersprache kennenzulernen, sie auszuschöpfen und auszuwerten.

Wer in stillen, besinnlichen Stunden den Schönheiten unserer Muttersprache nachgeht, der lernt wieder Lebenswerte kennen, die in Gefahr sind verschüttet zu werden, die aber unbedingt erhalten werden müssen, wollen wir edelstes und bestes Volksgut nicht verlorengehen lassen und selbst nicht arm werden an Herzensgütern.

Theodor Bergmann † Kevelaer

Frönde, wat ech noch sägge woll

Wenn ech möt minn Stöckskes üewer Land treck, di'et mer mech su'e döcks froge, off mer dat, wat ech vertällt häb, ne'it ens no'eläese küeß. Dann mot ech denne ömmer en Stöck off tehn Names optälle van alde Böckskes, Kalendere on Heffkes, wo'e jett van mech drenn avjedröckt sti'eht.

Jelle kann mer kin i'en miehr dovan, on dröm häb ech mech jedeit, wo'e ech nou jrad twentig Johr son Stöckskes an't schriewe bön, dat mer do'e en paar van en son Böckske avdröcke l'ete küeß.

Jro'ev on fien ös su'e tesame jeko'eme on wäejes dat, ko'em och bute op di irschde Sie „Kachele on Klenker" te sto'ehn.

Allebeds, die Kachele on die Klenker send be'i os te Hus.

Op die Kachele send allerhands Fijürkes jemollt, möt en paar Strichskes, ävver mer wett, watt domöt jemennt es, wenn och all ens he'i off do'e en Päerd jett hölter, on enne Mann jett stief do'e sti'eht. Su'e es dat och möt die Stöckskes.

Ech häb minn bäes jedo'en, dat die Wört su'e jeschri'ewe send, wie mer os Platt kallt. Wenn he'i on do'e en Wörtsche ut de Art jero'ene es, dann leggt dat dodran, dat all en paar Stro'ete van os avv os Spro'ek angere Tüen hät, als wie mer jewennt es.

On be'i die Klenker es dat ne'it angersch. Dat send die Ste'in, die dä Tichelbäcker mäckt, öm dat mer sech Hüser dovan boue kann. He'i sett enne Knubbel drop, on do'e es ennem Barsch drenn, on och die Klüer es ne'it ömmer jliek. Jenau wie be'i die Stöcker, wo'e et all ens en bettsche bonkt drenn duri'en ji'eht.

Ävver an't Eng ji'eht wier alles jo'et ut. —

So, — nou wett Ihr wat ech möt „Kachele on Klenker" jemennt häb. Se solle en Stöck Heimat si'en, wie os Lank, möt Wenkmüehles, Stro'ete on Brock, — wie de Mensche, die dodrenn läewe.

Dän I'ene off dän Angere fengt sech vleets dodrenn wier, mar su'e, dat hä et si'eker ne'it kromm nömmt.

Minne Frönd Jupp Brocker hät mech be'i et erutsöcke jeholpe. Theodor Bergmann van Käewele, hät kört bevör hä van os jeng, noch en paar Wöert üewer os Platt besongersch dovür jeschri'ewe. Ech sägg em vandag noch ens merci dovür.

Wat mer bäeter mo'ele wie sägge ku'eß, dat hät Laurens Goossens, dä van Vorsch te Hus es, möt en paar Beldsches dobe'i jedo'en, on nou mott Ihr dat angere du'en.

Dott se öch noch ens no'eläese, wenn Ihr wi'ete wollt, wie dat wor möt „Ferlings Fox", dat „Feuerwerk", off die „Kenkdu'ep, — — — en en Ständsche „Töschen Dag on Donkel".

Zent-Tüenes, op de 9. Juli 1950.   Dures Mülder

Töschen Dag on Donkel

Töschen Dag on Donkel
Kloppt et an minn Dür
On wie ech do'e kieke jing,
Stong ech selws dovür.

„Komm erenn on sett dech jett!"
Seit ech do'e vör mech.
„Jäer," seit ech, on jri'ep dono'e
En minn Boxetäsch.

„He'i, dä Schlüetel, näehm em aan"
„Halt em jo'ut en Ihr,"
„Wenn dä dech verlo'ere ji'eht",
„Krißt em nie miehr wier."

„Kanns domöt tu jidder Tiet"
„En dat schüene Lank,"
„Wo'e als Kenk wir twi'e jespellt"
„Komm, — jäev mech dinn Hank."

On su'e jing ech näewe mech,
Ko'emen an en Poort,
Kinner van os twi'e dä seit
Och en enzig Woort.

Jau dä Schlüetel en dat Schlo'et, —
Jo'e, — wir wore reit,
Häb vör Freud mech selwer do'e
Faß de Hank jedäut.

Tro'ef he'i wier minn alde Jru'eß
Möt dän dickem Brell,
Minne Schollfrönd Abels Jupp
On dä Liehrer Kröll.

So'ech mech en die Liffkesbox
Möt die jru'ete Fief,
On van jröine Äppel kräej
Ech wier Ping ent Liev.

Lo'eg be'i Küppersch en de Rahm
On ech hat de Mumms,
Dronk wier jröine Limonad
En dä Jaart be'i Schumms.

Hat en Stang Johannisbru'et,
De'i wier Schümmke trecke,
On van't Kimme hat ech wier
Blonk on blaue Flecke.

Me'ik wier Schellkes, li'ep dodur
Ki'ek de Kermeskröem,
Spellde möt de Mimm, on hat
Bedste Häng voll Schröem.

Spellde Pinau on och Zog,
Kräej en Osterei
On be'i en kapotte Rut,
Wor ech och dobe'i.

So'ech mech he'i, on de'i wier dat,
So'et wier Ki'etelste'in, — —
Töschen Dag on Donkel so'et
Ech op ens — — — alle'in.

Krölls Heini

Krölls Heini wor möt Allerhellije all drei Johr jeworde, ohne dat däm sinn Vatter oder Motter et enjefalle wör, däm ens avnäehme te lo'ete.

Nou stong Weihnachte vör de Dür on Tante Rosa wollde dat Versümde noho'ele.

„Am Mittwoch komm ich mich dä Kleine mal für ze spazieren holen," seit se, — „macht em en bißken nett!"

On su'e ko'em et dann su'e wiet, dat Tante Rosa möt Heini, dä en witt Kaschmirmäntelke aan hat, de Stadt erenn trock.

Op de Nüsserstro'et kräej Heini noch drei jeschmerde Beschütt, on en Blo'es Studentefutter jejolde. En de lenker Hank hat die Tant dat Jöngke on an de reiter Hank en Persildu'es. So ko'eme die drei, Tante Rosa, Heini on die Persildu'es no'e de Fotojraf.

„Ich möcht dä Jung mal abjenommen haben," seit se vör dä Fotojraf, däm enne jru'ete schwatte Kneifer op de Küpp van de Nasespetz wippde.

„Ganz Recht!" seit dä Kneifermann, „Wünschen Sie Porträt oder Brustbild?"

„Och, dat is ejal," seit die Tant, „wenn mar bloß de Kopp mit drauf kömmt. Et wird sich aber jut machen, wenn dä Jung wat in de Hand hat und drum hab ich da in de Schachtel, die Ille, dat is mein Katz, mitgebracht, dat is son brav Tier, die hält auch janz nett still."

Dä Fotojraf kräej enne kli'ene Schreck, on dä Kneifer rötschte noch jett miehr no vüre. Hä hosde twi'emoel ut Verläejenhi'et on seit dann: „Wir wollens mal probieren."

Die Tant fong aan, die Kord van die Du'es aan losteknüepe. Möt enne Satz sprong die Mimm wie besäete erut, klomm op enne Kaas on li'ep dan eiter en Zofa. Tante Rosa, Heini on dä Fotojraf leite sech op däm Buck on me'ike: Kß — Kß, — Kß, ..."

Op ens ko'em se, die Tant jri'ep se sech, on Heini ko'em an enne joldene Sessel te sto'ehn. He'i sollde hä sech möt e'in Hank draan faßhalde.

Wie dä Fotojraf nou onger dat schwatte Dock kro'ep, kräeg dat Jöngke Ängs on li'ep no Tante Rosa. Die putzte däm möt jett Speu die Trönsches av on seit: „Nu bis aber auch nett still, jleich kommt auch et Vögelke."

Heini wollde ävver dat Vüejelke direkt si'ehn. „Iß gut!" seit die Tant, „stell dich aber auch nett dahin."

Heini stong wier an dä Sessel on warde. Die Mimm hong ärg onjlöcklich en dän Ärm van dat Jöngke on miaude.

„Nu kuck auch mal freundlich!" seit die Tant, ävver Heini ki'ek stief jradut.

Dä Fotograf jo'ef sech an't höppe on me'ik Pinau, die Tant trommelde op die Du'es on dredde sech öm sech selws.

Möt e'in Kiehr kräej Heini Jefalle an dat Jewipps do vüre on ki'ek möt e'in U'eg all jet fröndlich.

Do'e hollde dä Fotojraf onger dat schwatte Dock en Lappevüejelke erut on me'ik: „Piep! Pieiiiiiiep! — — —".

Mar du jeng de Welt onger.

Di Mimm sprong möt twi'e Sätz no'e die Mösch, — on ko'em be'i dä Fotojraf op die Pomadeschei on halv tösche Weß on Vürhemm ut. Die Tant di'en enne Kriet, jri'ep no'e dat Dier on ko'em möt twi'e Fenger be'i dä Fotojraf en de Monk ut.

Dä rutschten ut, däm Belderkaas on die Tant fi'elen öm. —

Die Tant wor et irsch op de Bi'en, jri'ep sech dat Jöngke on en fremm Räejeschirm on li'ep op de Stro'et.

Möt dat schwatte Dock üewer de Kopp kro'ep die Mimm eiterröcks de Dür erut.

En dat Atelier kro'ep ennen Halvblenge üewer de Erd on sout sinne Kneifer, ste'it dobe'i twi'emol an en läeje Persildu'es on an en kläewrig Beschütt.

On su'e es et jeko'eme, dat die Krölls et erschde Beld van ühre Jong kräeje, als hä möt avko'em — — —.

16

Avjeschri'ewe!

Optepasse en de Scholl,
Ührkes spetze, Antwort jäewe,
Es vör Heini örntlich schwor,
Wat dä sätt, dat es donäewe.
Fief Johr ji'eht dä no'e de Scholl,
Dreimo'el mueß dä sette bliewe,
Alles hat dä kli'ene Stropp
Avjeki'eke — avjeschri'ewe.

On son Heinis jöfft et noch
Alt on wies, en alle Hötte,
Alle no'ejemäckde Kro'em
Häbbe die van bute sette, —
I'ene stronzt, wat hä erläwt,
Wat hä alles hät jedri'ewe,
On jlöfft laater selwer draan:
Avjeki'eke — avjeschri'ewe.

On dän angere bökt van't Jeld,
Hät die Jrüemels ne'it van't Wirke,
Di'et su'e wies, on riek, on klock, —
Hoste hürt dä selws de Pirke.
Ävver van dat Ervdi'el, wat
Öm die Ervtant hät verschri'ewe,
Sätt dä nix, on dä Benimm es
Avjeki'eke — avjeschri'we.

Es dat enne Heimatfrönd,
Wä no Lenn ji'eht Kaffedrenke,
On wä möt ne Täschendock
Van dän Hölschem Berg di'et wenke?
Wä möt Striepe kallt on minnt,
Su'e küeß Motterspro'ek mer schriewe,
Örntlich bott on bri'et, dä hät
Avjeki'eke — avjeschri'ewe.

Sett et ens ne'it en de Kopp,
Es ne'it en et Hert en Höttche,
Wat dech selwer janz jehürt,
On Jemöit, — en janz kli'en bettsche,
Motts dou och dinn Läewe lang
Ömmer höerschkes sette bli'ewe,
Kiek, dann es dä janze Käel:
Avjeki'eke — avjeschri'ewe.

Die Kenkdu'ep

Möt dän Zylinder fong et aan. Wie dä Uhrmäeker, Wimmersch Welm, van dän Dokter no Hus ko'em, wo'e hä sech ennem Backtank, su'e jru'et wie en utjewaaße Radieske hat uttrecke lo'ete, kräej hä möt de Poss ennem Bre'if.

Sinne Schwoger, Esser Cornel, li'et em wi'ete, dat hä on sinn Jetta en stramme Dauter, en Zöffi, jekräeje hei, on dat Welm et Sonndes op de Kenkdu'ep als Patenu'ehme ku'eme müeß.

Wat jo'ef et nou ennen Hu'ep te üewerlegge. Dä Jehrock mu'eß jebürschelt werde, ennen Zylinder li'ehne, et Kenkdu'epsjeschenk mu'eß be'i de Bahn, on Jott wi'et ne'it wat.

Ut sinnen Uhrelade leit hä en Halskettche ut Trötejold en dat Döske möt rosa Watt drenn.

Et Sonndes fuhr hä möt dän irschden Zog no'e sinne Schwoger op de Kenkdu'ep.

Eiten en die Batzetäsch van de Jehrock hat hä sech noch en Fläsch Münsterländer on twi'e Stöcker Päeperkock jestäeke. Die Fläesch wor für op den Düesch, on dä Päeperkock für die Kenkesfrau.

Dä Zylinder wor jo'et on jäer twi'e Nommere te kli'en on hong dröm ömmer jett op Backbord. Ongerwäejes ki'ek Welm noch ens ut et Fenster van et Coupee, — ritsch, — do ji'eht em dä Zylinder fle'ije, en enne Jaart töschen de Kolrawe on Wiemelestrük.

O, jömmich, die Feiertagsstimmung fi'el all op twi'e Jrad Celsius onger Null.

Wäejes dat hä möt de Stationsvorsteher noch ennen langen Explezier wäejes dän Ho'et hat, no'ehm hä sech vür, mar et bäes direk no die Kirk tu jo'ehn. Die Du'epjesellschaff hat sech si'eker ahl o'ehne öm op de Wäeg jemäckt.

On dat wor och su'e. — Hermanns Jetta, als Patetant, on die ahl Funkes Marie, als Häwamm wore möt dat kli'ene Zöffi all no'e die Kirk jebusselt on warden do'e op dä Patenu'ehme.

Öm dä jlieken Tiet wor noch en Du'ep aanjesatte. Dä Färwer Bötzkes hat enne Jong jekräeje, dä jrad onger en jru'et Ömschlagsdock fies an't krajäere wor, on dä och ongen in die Kirk waarde.

Wäejes dat dä Patenu'ehme möt dä näcke Kopp noch ne'it do'e wor, ko'em dat Färwerschjönke et irsch draan, dä be'i die Düepere'i en nöie Plaat opleit, on krakehlde, wat hä mar ku'eß-

Ongerhangs kömmt ose Welm aan, ömmer noch janz objebreit wäejes dä Zylinder, on janz eiter O'ehm. Dat Färwerschjönke ko'em jrad van et Düepe avv, dä van et Pannestertsche tu enne anständige Chrestemensch avanciert wor.

Wimmersch Welm süht dä Färwer möt dän Zylinder en de Hank on ji'eht op däm aan.

„Och vüel Jlöck op dat Kle'in, on wat ech froge wollde, kües ech ühre Zylinder ens li'ehne, der minne es mech tle'ije jejange. Wat öch dat wert es, mot ihr mar sägge."

„Nix vör onjo'et", seit de Färwer, „wir jont he'i reits van de Kirk, en dä „Joldene Appel" noch ennen drenke. Brengt mech mar dän Ho'et erenn, wenn ihr färdig sett."

„Do'e sägg ech öch ok merci", seit Wimmersch Welm, dä jlöcklich wor, nou ne'it miehr als halvaanjetrocke Patenu'ehme dat Zöffi üewer de Du'ep te halde. „Dä", seit hä noch, on trock die Fläsch Münsterländer ut dä Jehrock. — „schött öch mar en Dröppken enn op de Jesonkhiet van dat Kli'en."

Dat li'eht dä Färwer sech kinn twi'e Kiehre sägge on trock möt die Fläsch avv. — — —

Wimmersch Welm hi'el Wort, on no'ehm sinn Kumpanei möt en dä „Joldene Appel", öm dä Zylinder trück te jäewe.

Dä Färwer möt dat Kli'eblatt wor all reit op Schött on die twi'e Fraues kippden all et fiffde Anisettche sech eiter et Stehbord. Mer jo'ev sech ongerien en paar Mo'el de Hank, on wärmde sech dä ennere Mensch möt en Schnäpske jett aan.

Die twi'e Compe'iersche verstonge sech bald wie alde Fröndinne, on wie dä Münsterländer ut wor, riskierde dä Färwer noch en Fläsch Steinhäjer on seit: „Dubbele Freud mot ok dubbel bejo'ete werde, on be'i son lecker Päerke irsch reit. — Proß Jemende!"

Die twi'e Häwamme, die sech sös vör Konkurrenzni'ed ne'it ut-sto'ehn ku'eße, stongen op ens medden en die Wirtsstu'ev on songe dat Couplet: „Schulze möt de Paraplü, Lehmann möt dä Steck." Dann worde se op ens modern on songe dat Stöckske: „Bella Marie!"

Wimmersch Welm sto'ek i'ene Jrosche no'e dän angere en dän elektrischen Orjel, dä all de sästehnde Kiehr den „Torgauer Marsch" spellde.

Wie die Patetant van dat Färwerschjönke „Ballett" danze woll, do jelofden sech die twi'e Patenu'ehme en de Hank, dat die twi'e Hüppkes laater ens en Päerke werde solle.

Wimmersch Welm hat die U'ege all en bettsche en Gelee legge, wie hä op ens op de Standuhr kickt. O, jömmich, tits Äete wor all längs vörbe'i.

Möt Engelsjedold on en Kaplonsjemöit hat hä no'e tehn Minütte die Häwamm on die Patetant sowiet, sech van dän Anisett on dän „Torgauer Marsch" losteriete, on möt no'e Hus te jo'ehn.

Dat Kenk word sech jejri'epe on möt Dollere'i on en o'epe Handtäschke trock dat Klübke dän Dyk av, o'ehne dat Welm sinn Manko o'ehne Zylinder merkde.

Te Hus aangeko'eme, wör Jronk jenog jewäß, en paar onfröndliche Wöert jeseit te krieje, wäejes dat ävver doch noch alles jeklappt hat, li'eht mer fief jrad si'en, bös — — — ja, bös kört vör et Kaffedrenke. Do'e ko'em op ens enne Kriet ut die Schlopskamer, wo'e die Motter möt dat Kenke log!

„Jott stonn mech be'i! — Wat häbbt ihr mech do'e vön Kröckstöck mötjebreit? Wo'e es min Zöffke? — Dat hät jo'e en bomesiene Römpke aan."

„Öm Joddeswelle, dä Färwer!" seit die Häwamm, die de Färv wäesselde.

„Watt hett he'i Färwer? knurde dä Vatter, on Wimmersch Welm hat op ens wier dän „Torgauer Marsch" en de Uhre.

„Kommt he'i, — die Zöffi, — — dat Jönke, dä Färwer, — — wir wollde, — — dä hät, die Zöffi, dat ös dä Färwer sinne Jong, — däm häbbe se os ömjetuscht!" röpt die Häwamm, döit sech dat Jöngke onger dat Ömschlagsdock, on fott wor se. — —

Die Motter fällt fleu, — dä Vatter söckt Kölsch Water, Wimmersch Welm jonnt en de Knie'e de Scharniere loß on be'i de Patetant beschli'et däm Brell.

Wie de Erlkönig löppt die Häwamm möt dat Kuckucksei op dän Ärm no'e de Konkurrenz, öm jewahr te werde, wo dä Färwer wonnt.

Dä kömmt öm däselwen Tiet ut dä „Joldene Appel" no Hus on es an't senge: „Ja, das sind Sächelchen, ja das sind — — die lustigen Holzackerbua, — — minne Muff ös wegg — ahoi!" Die klätschnaate Säes üewer et reiter U'eg hängt op veränderlich on jrad well hä uteri'enlegge: „Dä Klein dä mit enne Nüggel han — —" do kömmt die Häwamm möt dä Fremdkörper erenn on frogt: „Ja, — — wo is hä dann? — — Ich mein uns Zöffi! — — Ihr, — ihr Mädchenhändler dat ihr do'e sett. — —"

„Dat Kind?? — — Ich mein — — haha — — wieso?? Wir haben überhaups kein Kind! — —"

„Ävver e c h!" sätt die Häwamm. Alles bejrippt mar halv, mar twi'e Minütte laater leggt die Häwamm möt dä Färwer in „totem Rennen" no dä „Joldene Appel".

Do'e sti'eht Klein-Zöffi, — — verlo'ete on verjäete en de S c h i r m s t ä n d e r , on ko'em op die Art on Wies wir „heim ins Reich". Wimmersch Welm hat en dän Tiet kli'en Äerpel jeschwett, on dat alles, wäejes dä Zylinder, dä töschen de Wiemele log.

Dreivierdel Johr laater fong dä Patenu'ehme, als hä möt en Liek mu'eß, on dä Jehrock wier aan hat, dä — Päeperkock, — waggelich wie en Badeschwämmke, — on s o n Hoore drop.

Wenn wir noch ens Kenger wöre....

Wenn wir noch ens Kenger wöre, —
Möt en Föppke en de Monk,
Op dat Lätzke: „Mamas Liebling",
Frönd möt Tuck-tuck, Mimm on Honk, —
De'ie wir wier Dümmke lutsche,
Ängs me'ik os däm Buuseman,
On die Tant, die frogde: „Ja, wo"
„Isse denn dä kleine Mann?"

Wenn wir noch ens Kenger wöre, —
Spellde wir möt Water „Jitsch"
On möt Appetitt wir öete,
Ut de Renn, die Appelskitsch.
Me'ike Köck ut Mott on Päppke,
Jong, — wat heie wir et dröck,
On möt Rotznaas opdu'entrecke,
Sparde wir de Täschedöck.

Wenn wir noch ens Kenger wöre, —
En dä Lade stönge wir,
„För twi'e Penning Jummibrocke",
„Nejerjeld on Eßpapier."
Le'ipe möt dä Pöngel Lompe
Be'i däm Mann dann an de Kaar,
Van Papier, die bonkte Müehle,
Köem os vür, wie Jold, su'e rar.

Wenn wir noch ens Kenger wöre, —
Stenge wir wier an die Köes:
„Laß mich mal die Ipp mit Schares",
„Lu'ep mech no'e, — kleck-kleck, dou bös."
On van Knied on Schreinerstefte
Heie wir die Täsche voll,
Molden an de Jaardepörtsches:
„Davids Dures dä es doll!"

Wenn wir noch ens Kenger wöre, —
Tröcke wir dur't Heimatlank,
Söngen os Zimärtesledsches,
Möt de Fackel en de Hank,
Wenn wir noch — — — wat dont die Johre,
Dä Verstank? — Et bli'ew die Art, —
Häbbe wir os all tusame
Doch en Kengerhert bewahrt.

Ferlings Fox

Die Ferlings on Bastians hade allebeds enne Stall voll Blage, nie enne Jrosche op Sack, on all twi'e Johr Striet ongeri'en. Wat die Ferlings noch op dän Hu'ep tu hade, dat wor enne Honk, on wäejes däm wor i'ejentlich dä Striet jeko'eme.

Die Ferlings hade van dä Kohlemann jehürt, die Bastians heie sech utjelo'ete, dat ärme Dier kräej ne'it satt te fräete on löeg dröm ömmer be'i Bastians op de Matt on wör an't jüemere. Bowendrenn hei dä Honk noch Flüeh, on die hei dä van die Ferlings Blage jefange. Wie dä Bastians et Owes möt sin Lompekaar te Hus wor, kräej dä van dä Ferlings dä Jrosche jewäeßelt. Dä wor als Drecksmann be'i de Stadt on no'ehm verdöllt kin Blatt vor de Monk.

Et irsch schmi'ete se sech ennem Bärm Schleitigki'ete, die se vani'en wu'eße, an de Kopp, aanjefange van et jekäude Zuppejröns, bös tu die Suupjrosches, die dän angere sech büt me'ik.

Dann schmi'et däm Bastians de Rahm tu, — sech in de Broß, on dä Ferlings erut.

On dä Striet wor do'e. — —

Su'e jeng dat all su'etesägges twi'e Johr. —

Et wor en de Aujuß, — en de Hervsfieri'e, — do wor en nöie Jewitterwolk an dän Hi'emel van dän Hengerbou, wo'e die twi'e Famillije wonnde, opjetrocke. Päekkohlraweschwatt möt jäele Striepe.

Ferlings Fox wor all twi'e Dag verschött, on be'i Bastians ro'ek et no'e Suurbro'ene.

Be'i Jott on alle Mann wor dä Ferlings no sinnen Honk an't froge. — Ni'emes wu'eß jett.

„Ech breng dä Käel op däm Bou, off ech bön et längs enne onbescholde Drecksmann jewäß", seit hä.

Wie hä nou van die ahl Heckmanns hürde, dat der en Tiets van en Johr alle twi'e Katte, et letz en Dier van minnstens fief Ponk, die dreijeklürde, fottjekome wor, — do ston et faß, — sinne Fox log be'i Bastians en de Kastroll. Dän ärmen Hals wor van dat Lompepack en de Kneck jehaue worde.

Ferlings holde de Polizei.

Aachontwentig Stond laater, ennen Dag voll Sonneschien on witte Wölkskes, vüel te schad für Striet on sonnen Ambrasch, ko'em das „Auge des Gesetzes" die Saak ongersöcke.

Hä no'ehm dä Ferlings möt op dä Lompenhändler sinnen Ho'ef.

„Wo ist der Hund von Ferlings?" frogden hä die Bastians.

„Wie solle w i r dat wi'ete, lott em sech an de Kett legge, dann löppt em och net fott", seit dä Lompenhändler.

„Wann haben Sie den Hund zuletzt gesehen?" seit dä Putz för Ferlings.

„Friedag Meddag stong hä möt Bastians Jöng an et Jaardepörtsche!"

„Trug er ein Halsband?"

„Nä, — ennen Trainingsanzog."

„Ich meine den Hund, — welche Merkmale hatte er?"

„Dä ki'ek su'e treu ut de Oge."

„Ach was, — war das Tier abgerichtet?"

„Nä, et Jerecht hät sech möt däm noch net avjejäewe."

„So kommen wir nicht weiter. Hatte das Tier einen Stammbaum?"

„Dat es schwor te sägge, — su'e jenau no'ehm dä et ne'it."

Die Bastians fonge an te jrösele.

Dä Ferlings mu'eß an sech halde, angersch wör däm de Quent jespronge.

„Wie kommen Sie zu der Vermutung, daß der Sauerbraten von Bastians und Ihr Fox identisch sind?"

„Wat soll d a t hi'ete, — minne Fox wor net identisch, — dat bruckt dä sech net no'esägge te lo'ete. Dä hat m i e h r en de Kopp, wie dä Fulk van Bastians. Möt däm hei enne Zirkus Ihr enjeleit."

Däm Bastians well jrad vör Laach ut de Nöiht john, do jövvt et ennen Termöll en dän Husjangk.

Blage schreie, ennen Honk junkt, — on — — häste wat kannste kömmt Ferlings Fox, opjemäckt wie en Zirkuspäerd en dat Verhür erennjelu'epe.

„Minne Fox!" röpt dä Bastians.

Die Blage, die eiter däm her wore, bli'ewe stohn.

Bastians Fränzke hat ennen alden Zylinder op, on en Schmeck en de Hank.

Ferlings Jull hat et Jesi'ech bemollt, wie ennen „dommen Aujuß".

Dä Polizei fong die Spro'ek et irsch wier: „Wo kommt der Hund her?" — „Na, heraus mit der Sprache!"

„Ech häb, — wir wollde, dä Fippi, — wäejes dat, on dä hät, — dä es os ut dä Zikrus lu'epe jejange."

„Aus welchem Zirkus?"

„Wir häbbe en et Sanksло'ek van Küllweschs Küll en de Fieri'e enne Zirkus, — on do häbbe wir dä Honk jelennt, on däm be'i von der Heidens Will, dä be'i os dän dubbele Salto mäckt, en de Hennestall jesatte. Dä sollde vandag be'i de Jala-Vorstellung en Schleppke en de Stert krieje, on, — — du, do'e es dä os piele jejange." — — —

„So!" seit dä Polizei. „Dann habe ich hier ja nichts mehr zu suchen", on jeng.

Ferlings on Bastians stonge sech täejenüewer.

Wä hei d a t gedeiht? — — — — !

24

Et irsch fonge se an tu jrösele, dann ki'eke se sech en die U'ege, on do 'e jo'ef dä Ferlings däm Bastians de Hank. — —

En die Jala-Vorstellung, die en Stond later aanfeng, so'eten die Alde optwi'e Marjarinekiste op Sperrsitz.

Ferlings Fox sprong möt sinne Lappesattel dreimo'el eiteri'en Üewer die Schmeck von Bastians Fränzke.

Von der Heides Will me'ik sinnen dubbele Salto on bo'ewendren noch ennen Handstand.

Ferlings Jull fi'el als „dommen Aujus" üewer sinn i'eje Föit on kräej van dän „Direktor" be'i dat Stöckske „Gib mir Honig" ennem Bäeker Water en dat Mäehliesi'eçh.

On wie die Vüejel en et Ni'es kro'epe, on en et Brock et langsam aanseng jries te werde, trocken die twi'e Familije op Hus an, Ferlings Fox vörop.

On be'i et Uteri'enjo'ehn seit die Bastians vör die Ferlings: „Ja, —on dann kommt os mar be'i dat Kanin helpe, wat minne Mann van dä Peschkes Bur jekräeje hät, wäejes dat dä dam be'i et Prumeplöcke jeholpe hät. Morjr jöfft et be'i os Hasepäeper."

On die Ferlings häbben dat och jedo'en, on dä Fox hät sech an twi'e Kömpkes Knöckskes en Pänzke aanjefräete.

Fräulein Busch

Fräulein Busch hat noch en Krönsche, en Sparkassebock on de Öngerklaß van de Jongesscholl.

Se wonde be'i dem Bäcker Dickmann bo'ewen an de Stro'et en en paar nett tapezierte loftige Stövkes. Van die Tapet wpr äwwer net vüel te si'ehn; die Wäng honge ronköm voll Belder on Nipplaakes, jru'et on kli'en.

Üewer et Zofa soch mer en Famillijebeld, wo se selws als Mädche möt en witt Kledsche aan drop stong. Dodronger de Drachefels op en Schief van enne Bue'mstamm jemolt, möt enne wäschbläublauen Hi'emel. Donäewe enne Wetterprophet, en Jöngke möt en violett Böxke aan, dorann ku'eß mer si'ehn, wat et de letzte Dag van Wäer wor. Onger et Spi'egel hong de Jnadekapell van Käewele möt Perlmuttfenstere on en Kränzke ut Stäereblome. Reits dovan en Jipsbeldsche ut den Arjonnerwald on lenks ühre Bro'er Ajus ut Wankum möt en preisjekrönde Kuh.

Wat sös noch en dat Stövke hong, dat wor enne kli'ene Rettungs-
rengk „Gruß aus Helgoland", en Schlüetelsreckske, twi'e Kalender,
en Kau möt enne Wellensittich on en Spelteköske.
Dat Schlüetelsreckske hat se ens be'in Preisausschreiben jewonne.
Vürher hat se I'ehne Mark fiefonachzig möt enschecke mödde. On
nou send wir be'i et Thema.
Drei Neite on vier Dag jeng ühr all wier son Preisrätsel dur de Kopp.
Se ku'eß on ku'eß ne'it dohenger ku'eme. Blu'eß i-en Wort de'i ihr
noch fäehle.
Die Ströppkes, die se en de Klaß hat, merkden all, dat se zeitdem
jedde Morje möt et onreiter Bi'en opjestange wor on en paar Wib-
belstäerte stongen och nou all wier vüre an de Tafel.
Be'i de Morjeskaffe, op de Wäeg no de Scholl, dat i'ene Wort le'it
ühr kenn Rouh.
Se wor su'e möt et Denke duri'en, dat se de Josef van Ägypte möt
i'ene van de hellije Dreikünije verwäeßelte on et kleine Einmaleins
senge lo'ete woll.
Dat Rätsel, — Dat Rätsel!
Et hürde sech su'e effe aan:
          Der Kutscher tut's
          Der Freier auch,
          Beim Regen ist's ein schlimmer Brauch!
Alles müegliche, wat Kutscher dont, fiel ühr en: schlo'epe, fahre,
Schnäpskes drenke. Ömmer wor et donäeve. Se ki'ek de Klaß de
Rahm erut. — —
Rubbeldirabbeldirumbummbumm — —, Frl. Busch fuhr en de
Hösch, — no wor se drut.
Neikes Willy wor van Pullmanns Jöng ut de Bank jeschubbst worde.
„Komm mal nach vorne!" seit se.
Willy hömpelte op i'en Klömpke no vüere. „Warum hat dich der
Pullmanns gestoßen?„ — —
„Weil ich, huhu, — weil ich, — un dat mag ich nicht, un ich soll, —
un dä Jöng, un ich soll bei et Bockspringe immer a n h a l t e n."
„Was, — beim Bock — —, wie sagst du, a n h a l t e n?" Gloria!
Viktoria! dat wor et.
Der Kutscher tut's, der Freier auch, beim Regen ist's ein schlimmer
Brauch! Selbstverständlich! A n h a l t e n!
Et Wäer jing avv. De Sonn ko'em dur. Frl. Busch wor bowendrop!
Neikes Willy dellde sech en Stond later möt Pullmanns Jöng en
Repp Schoklad, die janze Klaß me'ik angertendags ennen Utflog
no „Rotze Chreß", Fräulein Busch mu'eß i'ene Mark enschecke on
kräej möt de Poß twi'e Wäeke later als Preis enne prima — — — —
Rasierapparat.

Dä Jongjesell

Dä Schlips, dä sett schi'ef, on döcks ne'it rasiert,
Kenn Kniep en de Box, on mötonger
De Schuhnsriem möt Korde eni'enjeknöppt, —
Dat nömmt os be'i däm och kinn Wonger.

Die Wirtsfrau, die hält em möt Äete jett knapp,
Hä treckt sech och jett möt Berappe,
Wäscht selwer de Strömp, dat hät hä verdennt, —
Schnitt selws sech de Hoore, möt Trappe.

Et Jraubru'et, dä Wäschkomp, de Si'ep on et Krut,
Se legge on stonnt näeweni'en,
Twi'e Johr lang es all en Lo'ek en de Rut,
De Bettlad fällt bald uteri'en.

Die Müüs häbbe de Brötsches ongerminiert,
De Sti'ewel, die stonnt do'e voll Dreck,
Dä Joldfesch leggt drüsch en et Enmaaksjlas,
On Prölle, en Kääs on en Treck.

Die Wankuhr sti'eht stell, däm Bolt hängt all lang
Eronger bös bald op de Erd.
Twi'e Johr on säes Wäeke es all ne'it miehr
Et Bett opjemäckt on jekehrt.

Et Si'ejraas kickt ut de Sessel erut,
Sinn Jitta hät blu'eß noch twi'e Dröeht,
Dä Ko'ehl, dä leggt en de Wäschkommu'ed,
Dän Anzog, dä blenkt an de Nöeht. —

Wo fengt sech, su'e frogt mer, en Jong off en Ahl,
Hölpt drut däm ut dän Ambrasch,
Die Lüh van de Jang, die wöre sech kloor:
D a t Mädsche hei noch ens Kurasch.

Dä Stammbu'em

Pannekes Philipp wor be'i de Standesämter on Pastürsch töschen Kli'ev on Nüß so bekännt wie ne bonkten Honk.
Dä wor sech sinn Jru'ese on Ahne an't tesame an't söcke.
En Jlöck, dat hä noch Jonggesell wor, sös hei däm sin Frau all utjeräekend, dat se vör all dat Porto minstens drei Su'emer- on twi'e Wenkterhöet jekräeje hei.
Twi'e Opas van däm wore bös nou blu'es jestorwe, ävver ni'emes wu'eß, ov se op de Welt jeku'eme wore; dovür mu'eß ävver die Jru'eß van sin Motter möt hongertsi'ewenonsässig Johr noch örjes an't Läeve si'en.
Üewerhaups me'ik die sinne Stammbu'em ärg duri'en, wo die als Wettfrau noch twi'emol jetrout hat on ni'emes wu'eß, wä i'egentlich van all dat Mannsvolk öm der eröm als Telg an Pannekes Fip sinne Stammbu'em en Roll spellde.
Fip kräej Fieri'e.
Et ko'eme drei nöi Spi'eke en sinn Rad on en nöi Schlußlicht, on an enne schüene Hervsmorje fuhr hä no Winnekendonk, wo hä die dubbele Wettfrau Adelheid, Clementine Verheyen, en de Kirkeböcker söcke woll.
Et wor jelo'ege. —
Dä Pastur scheckde dä Ahnenforscher no dä Li'ehrer, dä sech ärg jo'et möt die ahl Burefamillije utkennde.
Dä Li'ehrer hat ävver noch Scholl.
„Wart mar en halv Stöndsche, dann häbb ech Tiet", seit dä Li'ehrer, on Fip satt sech solang en de si'ewende Bank, on hi'el de Bie'en de Jang.
Die Kenger wore an't „Johanna Sebus" an't op an't sägge on twi'emol hat Fip sinne Fenger ut Verjäet möt opjesti'epe.
Dä Liehrer jeng dann möt öm, wie die Scholl ut wor, no drei bekännde Bure, die ävver och van die Jru'eß noch nix jehürt hadde.
Blu'eß en alt Vätterke, wat op de Bälderkes an't käue wor, minde, dat hä et bäes ens be'i Kamps Jrades, wat en Avkommspaar van öm wor, froge de'i; dä hei och Verheyes en sin Verwandschaff jehatt.
Pannekes Fip seit „Merci", jo'ef siewentehn Mann de Hank, on vör tehn fresche Eier i'ene Mark on fief, on fuhr öm de Meddestiet op sinnen Dro'ehtäesel no Üdem, öm Kampes Jrades te söcke.
Et tro'eht sech jot. Dän alde Kamps wor all twi'e Johr bejrawe, ävver däm sinne Su'ehn hat en Wirtschaff.
Wie dä nou ose Fip dä „Underberg" bre'it, fong hä möt sin Frogere'i wier aan.

Dä Kamps fong jerad aan te bejriepe, do ko'em ennen Hu'ep Häere erenn, die an dän Dag Drievjagd jehalde hade, on die Wirtschaff jehürde denne.

Effe Jries on Steinhäger, Wacholder on Jägerkümmel, alles word duri'en jepitscht on Fip so'et op ens töschen die Kumpanei, wie die de twelfde Kiehr de „Jäger ut Kurpfalz" an't senge wore.

Hä jo'ef sech als „Kammerjäejer" ut on seit, hä hei mar blu'eß Kleinwild en sinn Revier.

Hä ku'ehlde on dronk mötüewer, on als Jrades Kerkmann et „Halali" jeblo'ese hat, seit Steeg Hannes, dä en Destillerie en Üdem hat, vör Fip: „Ech hab noch en moje Kamer, gej jot met mech t'hüß! Dodrenn steht en gut Bett, dat es su grot, do könnt gej Pillepoß drenn spöle. Horrido!"

„Waidmannsdank!", seit Fip on le'it die te'ihn Eier ut Winneken-donk be'i Kamps Jrades, wäejes dat sech do de „schwatte Jansse", enne Möller ut Kervenheim drop jesatten hat, on die ku'eß mer dröm ne'it miehr jebruke. —

Wie Fip sech dän angerten Dag en die fremm Kamer ömki'ek, du dürden et en Tiet, bös hä dän Dag vürher möt „Johanna Sebus", die tehn Eier on sin Kammerjäejer-Horrido en't Klore hat. —

Et letz fi'el öm och die Wettfrau en, die ne'it en de Kerkeböcker stong. En Stond later, an de Kaffedüesch, fong hä wier van die Wettfrau aan, mar ni'emes ku'eß öm helpe.

Blu'eß die Dauter van Steeg Hannes, die öm de fiff'de Taß Kaffe enschödde de'i, die de'i öm tröste, dat wenstens dä Vürnam ne'it utjestorwe wör, wäejes dat se och Adelheid hi'et. —

Drei Dag laater wor en Üdem Schützefäß. Fip hat noch Fieri'e on bli'ev direk do'e.

Et Sonndags danzden hä möt Adelheid twelf Walzer on si'ewe Rheinländer, jeng et o'ewes möt der an et Hängke no'e Hus on üewerleit, wat wahl en nöie Küek kosde.

Der ühre Jeburtsdag es Fip op et Standesamt hoorkli'en jewahr jeworde, als hä sech säes Wäeke laater möt sinnen Adelheid-Ersatz aanschriewe le'it. — —

On su'e kann et ku'eme, dat ji'emes en du'ede Jru'eß söcke ji'eht on möt en labendige Frau no Hus kömmt.

Offenbacher onger sech!

Enne Lade voller Koffer,
Objebärmt bös bowenher, —
Täsche, Reeme on Tornester,
Allemo'ele prima Läer.

Alles stell on alles düster, —
Et es kört vör Medderneit,
Wenn en Auto fährt do'e bute,
Kömmt en janz kli'en bettsche Le'it.

Ut dat Schaap kömmt en Jefispels,
Wo'e die Köfferkes do'e stonnt,
Enne kli'ene es an't stronze,
Dat de U'ege üewerjonnt.

„Ihr, do'e onge, ihr Prolete,
Wat sett ihr dann van de Welt?
Wir, wir send Aristokrate,
Häbbe wir och selws kinn Jeld."

„Fahren Auto, on wir fle'ije
No'e de Schweiz, Berlin on Juist,
Kläewe wir voll bonkte Scheldsches,
Jedder Fenger op os wißt. — "

„Halt de Loff aan, mar do'e bo'ewe!"
Röpt die brune Aktetäesch,
„Dragt mans vör de Diplomate
Staatsvertrag on Thermosfläesch."

„Kre'ig on Friede, klocke Böcker
On de Akte van't Jerech,
Dollars, Belder on Tepesche, —
Minnt ihr, dat wör jett vör Öch?"

„Hüh!" — sätt do'e dat Portemoneeke,
„Alles dreht sech öm et Jeld,
Dovür di'eht dän Düwel danze,
Wenn et minnen Häer jefällt."

„Wä kinn Jrüemels hät en't Läewe,
Kömmt tu nix on freut sech nie,
Ech wi'et do'evan tu vertälle,
Wi'et Beschi'ed, — Marie! — Marie! — —"

„Mar die Mädsches on die Fraues
Häbbe blu'eß op os et sto'ehn."
Stronzt en Täschke (echte Schlange),
„Wir, wir dörfe möt der jo'ehn."

„Op dem Ball on en't Theater,
Op de Stro'et on en et Bad,
On, platz schmerig Jeld verwahre
Wir Parfüm on Melkschoklad. —"

An de Wank, dä Scholltornester
Stürt sech ne'it an dat Jedöns,
On hä sätt: „Hürt op möt Flare",
„Minne Wäeg, dä es et schöns."

„Fahrt ihr Autos, dragt ihr Böcker,
D-Mark off Odekolong, — —
Ech jonn dur et janze Läewe
Möt en Mädsche, off ne Jong."

„Fibel, Tafel, Botteramme,
Schleuder, Jlanzbeld, Jummibäll,
Du'ede Keckerde on Mörmels
Alles dat verwahr ech stell."

„Hür de Kengerledsches senge,
Hang do tösche, jöfft et Striet,
Bön als Fußball te jebruke,
Werd bemollt möt witte Knied."

Dörf möt dänne Bro'emele plöcke,
Be'i et Kimme spi'el ech „Tor",
Liehr die alde Avtällstöckskes:
„Ech täll ut!" on „Zwei Schritt vor".

„Wenn die Reeme längs verschli'ete,
Bön möt Flecke volljeklä-vvt,
I'en Di'el wi'et ech, — 'ne Tornester
Hät nie ömesüß jelävvt. — —"

He'i en Kühme, do'e en Knöche, —
All die Schnute wore kli'en, — —
Li'ewer, als ne stolze Koffer
Möit ech dän Tornester si'ehn.

Die Hochtiet

Op Herstattsho'ef hade se sech kenne jeliert on wore sech klor dorüewer jeworde, dat I'ene o'ehne dän Angere ne'it miehr läewe ku'eß. Wie dat nou merschdens be'i son Saakes ji'eht, ko'eme se och op ens ut de Kirk on wore richtig — Mann on Frau.

Hä hat enne Jehrock aan, dä jett jröin schemmerde on an de Knüep blenkde, on söe hat ühr Krönsche onger ennen Tüllschleier ongerjebreit, dä wie en Kirkefahn eiter ühr her flog.

Bald wor dann och die Hochtiet reit op Jangk. Dän Hospes breit säes Schnapsjläskes on twi'e Jraniums.

Die Botterfrau scheckden et Traudche möt ennen Hussäeje on ennem Blomestruk.

Van dä Jesangverein, wo dä Bräutijam drenn wor, wor direk en janz Quartett jeko'eme, möt en Beld: „Mühle im Schwarzwald", domöt an dat Jlas nix drann ko'em, besongersch ävver, weil se wueße, dat vör die Hochtiet en Mängke voll schwatte Wiemele op Schnaps jesatte wor woorde.

Och enne Quetschbüll, möt vüel falsche Loff, wor verträene. Jläßkes hüerde mer klenge, dä Vatter jeng möt et Zijarekiske ronk on drei van dat Quartett songe fiefstemmig: „Der Tag des Herrn", — dä vierde wor op ennen U'egembleck an de fresche Loff jejange, van wäejes die Wiemele.

On dann dat Hochtietsäete!

Bu'ehnezupp möt Speckmöffelkes, Stellmo'es möt Rebbe on als Nachtisch stiewe Ries möt Kani'el.

Ömmer noch ko'eme Kaarte on Tepesche van Frönde on Bekännde, wo'e kinn Mensch miehr draan deit.

Engelskerke Fern, dä nächste Frönd van däm Bräutijamm de'i die vüerläese.

Jrad wor all wier enne Jong jeko'eme, on hat en Breffke avvjejäewe, als Fern opstong on dat möt sinn Baßstemm vürläese de'i:

> „Werter Herr!
>
> Da Sie noch nicht wie abgesprochen, das Geld für den geliehenen Gehrockanzug bezahlt haben, und ich denselben anderweitig benötige, bitte ich, dem Jungen den Anzug oder das Geld mitzugeben.
>
> Hochachtungsvoll
> Franz Niehröllke, Garderobenverleih"

Alles wor müßkestell. D a t wor enne Schlag en't Kantuur. Se ki'eke allemo'ele no däm Bräutijam, däm ennen Äerpel en dän Hals stäeke bli'ew on de Färw wäeßelde.

Hä stong op on wenkte dä Jong vör de Dür te ku'eme. — —
Mar, als hä wier erennko'em, wollde alles vör Lache ut de Nöet
jo'ehn, wäejes dat dä sech sinnen Drellechanzog aanjetrocke hat, dä
hä verjäete hat, be'i de Kommis avtujäewe.
Hä kräej direk möt dä Fern Wört, däm sinn Frau jo'ef möt Antwort
on em Nu hong alles ani'en.
Dat Quartett stong en Sängertreue däm Bräutijam be'i, die Braut
wollde üewer dän Düesch ühre Mann faßhalde, wobe'i et Zaus-
kömpke Reddersch Angeni'es op et Schwattsi'ene fi'el, on dä schön-
sten Termöll wor op Jang.
Fraues schreiden, twi'e Diplomatenschlipskes so'eten eiter de Uhr-
läppkes, enne Jranium ko'em ent et Stellmous ut, on Brachte Stina
bi'et ühre Schwoger en de Naas.
I'ene jri'ep no'e dä Riespudding on zielde op dä dicksde Knäuel,
— — — Klaatsch, — — drei Mann wore direk schni'eblenk, on die
Mimm sprong en de Jardine.
Dat Meddagsäete hät sech dodur jett en de Länge jetrocke on die
Hochtiet no'ehm en anger Eng, als die Twi'e sech et morjes dat
utjedeit hade.
Dat Quartett bruckde alle'in drei Röllkes Heftpflaster, öm die
Schmisse tutukläewe, on verdellde onger sech die üewerjebli'ewe
Westeknü'ep, om dän Tiet heröm, als däm Bräutijam och dän Drel-
lechanzog wier utjetrocke hat.

Die Joffer

Se drägt et livs en Jackekli'ed,
Op Taille, vüel te lang,
On enne Rock, bös op de Schuhn,
En Hankbri'et lang Volang.

On Sti'efelkes möt blenge Knüep,
Op bedste Sie'e Zog,
Die Strömp, twi'e reits, twi'e lenks jestreckt,
Die halde lang jenog.

En't Stehbord öm dän dönnen Hals
Es Feschbi'en enjenett,
On op dat Fleitekrönschesni'es
En aardig Höttsche sett.

Se kann kört an de fiffzig si'en,
Mer dörf se ne'it dröm fro'ege,
On di'et mer et, wörd mer bestemmt
Öm fiftehn Johr belo'ege.

Te Hus höppt en en kli'ene Kau,
Hans, dä Kanari'evu'egel,
On op de Fensterbank, do'e schwemmt
Ne Joldfesch en en Ku'egel.

Dat Album en die Treck, dat es
En Sammert enjebonge,
On en die Eck en't Mängke leggt
En jriese Mimm möt Jonge.

Dat es die Welt, die ühr bedütt
Johrenn, johrut et Läewe,
Hei die 'ne Mann, watt minnt ihr wahl,
Watt die do'edröm de'i jäewe.

Dröm di'et die op die O'ewesplaat
Jett Tabak, — dann on wann,
On klappt die U'egendeckels nier, — —
Dat rückt su'e schüen no'e Mann.

Plenkersch Rull sin Fröijohr

Jeddes Johr, wenn die Blage möt Mimmkätzkes ut et Brock ku'eme, on die Fraues möt en nöi Stöck Letsch off en bongtjeklürt Blömke ut dän alde Su'emerho'et enne nöie fri'emele, löpt Plenkersch Rull dur sin Wo'ehnes on lurt, off kin Kamer op et Nöies tapeziert werde mott.

Wenn angere Lüh en Villa boue off en Autobahn van 200 Kilometer utprakesiere, könne die ne'it miehr Buhei maake, als wenn ose Rull twelf Rolle Tapet an de Wank kläewen di'et.

Dän Dag, bevör die ahl Tapet avjeri'ete wörd, mot die Famillije an de Rahm en de Schlopskamer Meddag äete, off op en Stärkekiß de Bottramme schmäere.

Dat es ennen Termöll, i'ehr dat de letzte Ellenbog ut de Wank jeri'ete es on et Kengerstöllke op dän Hof sti'eht.

Dickmanns Röbb, däm sinne Jru'eßvatter als Ji'ewelswitter sinn Bru'et verdinnt hät, spellt dobe'i Handlanger on dörf dä Liem en de Deckefärw mühre on de Bahne van de Tapet aanjäewe.

En Ledder wörd en de Nobberschaff jelennt on sinn Jetta di'et de Tapeterolle avschnibbele. Die Blage drage die Loffschlange dur et janze Hus off benge se an de Blomekäes faß, dat se en dä Fröijohrs-wenk an et Hus vörbe'ifle'ije.

„Et mott e n s schlemm werde, ihr dat et wier jo'et wörd!" sätt Rull, on de Deck wörd avjewäsche. No'e drei Stond kömmt dä, siepe-naat wie en Mimm, van de Ledder.

Angertendags wörd dä Wittquas jekräeje on möt jou'e Well on drei Emmer Deckewitt dän Anstrieker en et Handwerk jefuscht. Et Morjes drop merkde Rull, dat hä ennem Brassel Platze üewerschla-ge, on och vüel Striepe jepinselt hat.

Twi'e Kiehre hät hä die Deck, wenn hä et o'ewes van et Wirke ko'em, noch ens jestri'eke, — on du jeng et.

An et Ä'ete deit hä üewerhaups ne'it miehr, — su'e wor dä be'i sinn Saak.

On et he'il sech draan. „Die Haupsaak es et kleistere!" seit Rull vör sinne Kompanjong, on no'e jedder dredde Bahn ko'em enne nöie Emmer Kleister draan. Wie fief Dag öm wore, fi'el öm op, dat be'i twi'e Bahne die Blome en dat Muster op de Kopp stonge.

„Dat ös net schlemm", seit hä, „do'e sette wir enne Kaas vür. Laater wi'es sech ut, dat tw'e Rolle Tapet te wennig wore, wäejes dat hä enne „Rest" jejolde hat. Vör ennen Appel on en Ei kräej hä noch en paar Rolle möt jru'ete, ru'ede Karos drenn, die worde an dat Blo-memuster draanjeklefft.

Säes Dag hat Rull nou all op et Zofa en de Wäschküek jeschlo'epe. Do'e fi'el öm en, dat hä jetrout wor, on sinn Frau all en Dag off drei ne'it miehr jesi'ehn hat. Och sinn Böersch woren däm ongerhangs ut et Kennes jewaaße.

En dä Wenkel, wo hä dä Kleister on die Färw jehollt hat, word hä jewahr, dat sinn Frau jefrogt hat, off hä och noch van et Flurstrieke jekallt hei. On wäejes dat do'e en Mirabellebües voll Okerfärw jeri'et stong, wor sinn Frau wier no'e ühr Eldere jejange, on hat die Blage möt jeno'ehme.

Dickmanns Röbb mu'eß dä Jang no'e Canossa du'en on sinn Frau bestelle, se möit wier no'e Hus ku'eme, se kennde ühr Wo'ehnes ne'it miehr wier.

Mar Jetta kallde jett von Scheidungsjronk on Uteri'ejohn on su'e. Et letz kräej Rull äwwer Bewährungsfrist, wenn hä twi'e Johr lang nix miehr tapeziere de'i. On Jetta ko'em wier no'e Hus.

Jau mu'eße die Käes on dän O'ewe vör die verkiehrt jeklevte Bahne jesatte werden, on drei Hussäeje, twi'e Reservebelder on en paar Kalendere worden en de Nobberschaff jelennt, vör öm op die Platze möt dat utjefalle Muster te hange.

Angerthalwen Dag jo'ev et noch Schnutezupp, do'e wor hä möt sinn Jetta wier en e'in Schepp.

Möt die Mirabellebü'es voll Okerfärw hät hä en Wäek laater, als sinn Jetta et neits möt ühr Schnarche en Bu'emsäeg markierde, be'i Mo'enle'it et Jaardepörtsche on de Laube aanjestri'eke.

Wir trecken öm!

Et log all länger en de Loff,
Mer wu'eß blu'eß nix jenaues,
Möt e'n Kiehr ko'em et dann erut:
„Wir trecke!" seit dän Aues.

„Ija!" sätt hä, wir trecken ut",
„De Schwamm sett en de Plänk",
„Son Wo'ehnes krie ech alle Dag",
„Die mag ech ne'it jeschenk."

Jenog on joot, op e'in Kiehr stong
En Treckkaar vör de Dür.
Die Trapp erop, die Trapp eravv
Jeng et dann Kiehr öm Kiehr.

Die Pottbank ko'em et irsch erut,
Die Bettlad eiternor,
Dän iesere O'ewe ävver wor
Noch wärm on örntlich schwor.

Et ko'em en Kasteroll, en Mang,
Twi'e Pöngel Bettbezög,
Et Enmaaksdöppe on en Lamp,
On och en Wärmefläsch.

Dä Kengerwagel on en Tööt,
Dä Spi'ejel, jries on blenk,
On nou dä Kohlback möt de Schöpp,
Et Stöllke van et Kenk.

On Plute, schwatt on donkelwitt,
Et Wäschbrett on en Seih',
En Vugelskau, en Schockelpäerd, — —
Et wor en Schli'eperei!

Dän Aues trock die Stier dann krus,
Die Kaar wor pennevoll,
Et woll öm jarne'it en de Kopp,
Dat hä die trecke soll.

Möt e'in Kiehr spöit hä en de Häng,
On rollt die Maues op, —
Die Frau, die döit, dän Aues treckt,
Dä Puut sett bo'ewendrop.

38

Dä vertuschte Zimärte

Groenewalds Zetta wor en de „Jries Jeet", en Wirtschaff, wo'e twentig Stöehl on fief Dösche drennstonge, an't tappe.

Se breit drei Lager on twi'e Zijare en dat Hengerstövke, wo'e en Versammlung van et Zimärtes-Comitee wor.

All twi'e Stond wore die op Jang. Et Mäehl vör de Weckpoppe hade se tesame on üewer fiftehn Päekfackele mu'eße se noch avstemme. Be'i de Musik fellde noch de Zimmschläger on en Klanett. Jrad hade se en Stiftung vör et bengalische Le'it aanjeno'ehme, on nou ko'em de Hauptsaak: wä mäckt Zimärte, on wä dän „arme Mann", wenn dä Zog an et Kriejerdenkmal aanjeko'eme es? —

Drei Johr eiteri'en hat Terhegges Lange als Zimärte op dä Schimmel jesäete, wäejes dat hä van dä Kutscher van die Brauerei, wo'e dä Schimmel van jelennt wor, Hospes wor, on dröm ömmer och dat Päerd jelennt kräej.

Nou hat Uhlenbooms Hännes et Wort: „— — und ich mein", seit hä jrad, „et könnt auch mal eine andere an de Reih' sein. Ich hab bei de Kavallerie jedient un stell auch sons wat vor, un wat dat Päerd in Anbetracht kömmt, dat krieg ich von de Kruut-Parsch, da hat mein Frau dies Jahr de Fuhre bei jeschaart." — —

Alles wor stell. En dicke Mott flog önröihig öm de Deckeslamp. Liehrer Schmetz, dä te säggen hat, le'it avstemme. Mer wor möt ennen Ifer be'i de Saak, als off et sech dröm jeng, drei Talsperre an de Niers bou'e te lo'ete. Se verjo'ete an de Zijare te trecke, on et Bier verschalde.

Möt si'ewe Falde en de Stier, on möt Rasele en de Stemm, me'ik do'e Liehrer Schmetz bekännt, dat die twi'e Zimärtes-Kandidate jliek vüel Stemme jekräeje hade, on dröm Pennsche jetrocke werde mu'eß. Su'e ko'em mer van e'in Jedöns en et angere, — en paar trocke sech all de Rock ut on so'ete en de Hemmsmaue do.

Groenewalds Zetta, als twi'eonsässigjöhrig Waisekenk mu'eß die Spönsches trecke lo'ete.

Dä! — — Uhlenbooms Hännes wor Zimärte jeworde. Hä schmi'et sech en de Broß, on ennem Bleck dur de Wirtschaff, dat dä selwere Weinkühler aanle'ip.

Rixe Kasper jratulierde dä nöijebacke Zimärte, mar Terhegges Lange döide sech en de Jäejend van et Biljard heröm. Nou mu'eß hä dän „arme Mann" maake, wo'e hä all die Johre als Zimärte jefiert worde wor.

Enne janzen Hu'ep jo'ev et noch te üewerlegge, on die Comitee-Versammlung trock sech en de Länge wie Jummibrocke. Mar, wie se

uteri'en jenge, wore se allemole möt sech tufri'ene, blu'eß dä avje-
satte Zimärte ne'it. — — —

Dän Dag möt Zimärte ko'em nöeder.

Et Owes, bevüer dän Zog trock, wor be'i däm „Bumbas" Jeneral-
probe van dä Tröteklub. Öm dä jlieken Tiet eröm fummelden säes
Bäckerliehrjonges Krente en die Weckpoppsköpp, on döiden denne
de witte, erde Piffkes en däm Broßkaas. Schreiner Nolde tömmerde
die Lattejesteller tesame, vör öm die Rakete lostelo'ete, on be'i
Terhegges Lange wor Uhlenbooms Hännes en de Wo'ehnes, wäejes
dat die Saak möt dö „halwe Mantel" on „hat Kleider nicht, hat
Lumpen an" utprobiert soll werde.

Rademakersch Henny, dä de Päekfackele on de Sanitätskolonn
onger sech hat, wor be'i dat Enstudiere als Regisseur mötjeko'eme,
miehr ävver dodröm, wäejes dat hä wu'eß, dat Uhlenbooms Hännes
en lecker Prumeschnäpske op Lager hat. Se woren öm örntlich an't
pitsche. Dä Zimärtes-Aspirant ku'eß et et bäes.

En dän Tiet hade se op dän Düesch twi'e Stöehl jesatte on en
Büjelbrett drüewer jeleit; — dat wor dä Schimmel.

Möt twi'e Footebänkskes klomm Zimärte op dä nojemäckden
Hings. En karriert Düeschlaake markierde dä Reitermantel.

Terhegges Lange log als Beddelmann en sinn i'eje Wohnes, onge vör
de Pottbank on markierde möt utjereckden Ärm et Rasele.

Rademakersch Henny lurde dur de Kuffe, off die Twi'e dat och reit'
me'ike. Ömmer hat dä noch jett uttesätte, on dat wor enne Jronk,
wier ens an dä Prumeschnaps tu jo'ehn.

Dat Trio word ömmer fideler, besongersch Zimärte, da möt Zun-
genschlag bowen op dat Büjelbrettspäerd die „hohe Schule" vür-
maake woll.

Jrad hat dä Bettler op die Küekeplänk et schönste Rasele an dän Dag
jeleit, — do'e kömmt „St. Martin ritt durch Schnee und Wind" möt
sinn Pliesterlattevollblut van dän Düesch heronger, wäejes dat vör
son Zirkusstöckskes dä Prumeschnaps doch ne'it dat Reite wor.

Selws dä Päekfackelimperator me'ik dä „Weltunterjang" möt on
probierte sinn Bi'en onger Zimärte sinn Krütz eruttetrecke. Dat
Bi'en jehürde ävver Terhegges Lange tu, wie sech dobe'i utwi'es.

Twi'e van die Hengerbi'en van dat Päerd hade sech selvständig
jemäckt on lo'ege onger et Vertikow, wojäeje dat Büejelbrett be'i
Zimärte üewer de Broßkaas lo'eg.

„Su'e wiet brucks do'e dech ne'it eravtulo'ete!", seit dä Beddeler vör
Zimärte. Mar dä verdredde blu'eß de U'ege, wie Rademakersch
Henny be'i et Opsto'ehn däm op de Hank tro'et.

Die Twi'e bürde Zimärte op et Zofa on zortierden dann su'e jo'et et
jeng die utjeriffelde Müebel.

Wie die Twi'e sech no en Wiel no dä eravjeko'eme Reitersmann
ömki'eke, hat dä enne fasse Schlo'ep aanjesatte. Dä Prumeschnaps
hat doch miehr Prozente jehat, als däm töschendur aantemerke
wor. Do'e fi'el Terhegges Lange jett enn, watt möt die fromme
Zimärtesspi'elere'i nix miehr te du'en hat.
„Wie wör et", fispelte hä vör dä Sanitätskolonnist, „wenn wir däm
en Bi'en en Jips leite? Wir maake däm klor, hä hei en Bi'en
jebro'eke."
Rademakersch Henny hat en Jeföihl, als off hä Terhegges Lange
enne kalde Ömschlag maake müeß. „Ohne mech!" seit hä et irsch,
ävver vör en Hälfke Prumeschnaps jeng dä Päekfackelverdi'eler
doch op dän Handel enn. Wäejes dat dä als Sanitäter twi'emol enne
Kursus en Jipsverbandanlegge mötjemäckt hat, kou'es dä nou ens
bewiese, wat hä jeliert hat.
En Tiet van en Schnieweck stong en Blo'es möt säes Ponk Alaba-
sterjips do'e, on die Twi'e kleisterten däm möt twentig Meter
Verbandsgaze dat lenker Bi'en van de Knüekel bös an et Knie en
Jips, wie jelierde Mürder.
Dä avjesatte Zimärte merkde nix, dat hä ongerhangs Halbinvalide
jeworden wor.
Op en Spro'eteledder, möt en paar Decke ongerjeleit, word dä
Patient de Eck heröm te Hus avjejäewe. Se seite: „Et hätt noch ens
jo'et jejange! Wir häbbe direk Dokter Icks jeholt. Et es mar halv su'e
schlemm wie et utsüht." — On dat wor et enzigste wat stemmde. Se
kräeje van Frau Ullemboom noch en Zijar, on op de Stro'et jelofden
sech die Twi'e en de Hangk, kenn Sterwenswörtche te sägge. —
Dän Dag dono'e! — Die Blage hade kenn Settfli'esch miehr onger.
Jedder Jong, dä jet op sech he'il, hat längs de schönste Ronkelsröiw
jekläut on wor an't Fratze an't schnibbele on Watteschnäuze onger
die Muhrenaas an't kläewe. Wie et op dän Owend aanjeng, word et
üewerall labendig. Die Tröte wore jeputzt, die Weckpoppe lo'ege
wie enjemäckt en de witte Wäschemange on Terhegges Lange
stölpde sech dä joldenen Helm üewer die Pröck.
Zimärteso'ewend wor do'e!
Öm däselwen Tiet heröm word Dokter Icks no Uhlenbooms Hän-
nes jero'epe. Hä wor en labendig Frogeti'eke, wie hä hürde, dat hä
däm jister O'ewend enne Jipsverband jemäckt häbbe soll. I'ejntlich
föllde dä Patient och kinn Ping an dä jebro'eke Kno'ek. — — — Op
ens jeng öm en Le'it op! — Dä verdöllde Prumeschnaps! — —
Sonne Filou van Terhegges! Dä hät öm enne Stri'ek jebacke. —
Wart mar Fröndschaff, deit hä, dou solls U'ege maake! —
Ens twi'e, drei, hat hä enne Hamel ut de Kro'estreck, on kloppde
sech die säes Ponk Jips van die Küte. Möt en alde Päerdsdeck üewer
dä kapoddigsten Anzog, su'e li'ep hä no'e et Kriegerdenkmal.

41

Ongerhangs wor dä Zimärteszog do'e aanjeko'eme, on op enne Hu'ep Kaschteiembläer log Uhlenbooms Hännes als Bettler do'e, ohne jet Jesonkschriewe avtewarde.

Jrad kömmt dä Schimmel möt Zimärte an die Stell, do'e süht Zimärte, wie et bengalische Le'it anji'eht, sinne Jipspatient van jister O'ewend do legge, on well jett ut de Kleidersammlung van öm häbbe, — „Marjadeies!" — sätt Zimärte, on klappt et Visier van dän Helm eronger.

Dä Bettler es ävver su'e en't jüemere on an't rasele, dat Zimärte die Blenge wier opklappe mu'es. Ratsch! häut hä dä Mantel halv dur on bögt sech no'e dän ärmen Hals. Die Musik fängt et Zimärtesle'id an te spi'ele on de Kenger senge.

Do sätt Uhlenbooms Hännes vör Zimärte: „Die säes Ponk Jips on dat jebro'eke Bi'en halt ech dech ne'it no'e, ävver dat segg ech dech, dä Klo'es en et Waisenhus, dä mak ech, on dou moß be'i mech dän Düwel maake."

„Jemäckt!" fispekt Zimärte on doit em de Hans. Sssssssss! — — — — — ji'eht die erschde Raket no'e dän Hi'emel, on dä Schimmel dreht sech heröm on laacht er sech i'ene.

Schimmel hüh ....

Jru'et on kli'en, — op de Bi'en,
Eite kömmt Zimärte,
On et klengt, jedder sengt
Wie ut Kengerherte.
Schimmel hüh, — kiek op Sie,
Wir jonnt stell mötüewer.
Sägg blu'eß vör Zimärte nix,
Däm send kenger li'ewer.

„Alt on jries, noch ne'it wies!"
Donnt de Mensche kalle,
Vör en kiehr lo'ete wir
Os dä jäer jefalle.
Schimmel hüh, — kiek op Sie,
Häbben os an't Hängke.
On et janze Hert voll Jlöck,
Hänske, Traudsche, Schängke.

Herzke ut? — Wie ne Put,
Frog ech mech en Spönsche,
On voll Jlöck, do'e verdröck
Ech janz höersch en Trönsche.
Schimmel hüh, — kiek op Sie,
Bruk mech ne'it te schame,
Kiek Zimärte on Zint klo'es
Send os hellije Name.

Jeddes Johr wörd dat wohr,
Wir os ne'it bedenke,
On donnt stell, wenn et hell,
Ärme Lüh jett schenke.
Schimmel hüh, — kiek op Sie,
Lotten os ne'it lompe,
On Zimärte mag os och,
Kiek ne'it op os Klompe.

Wör dat schüen, küeß mech si'ehn,
Su'e minn Motter trecke. —
Senn se sto'ehn, en et Jo'ehn,
An de Stro'etenecke.
Schimmel hüh, — kiek op Sie,
Kömms dou wier no'e bowe,
Sägg, dou heis mech he'i jesi'ehn,
On se wörd mech lowe.

Schubert op Besöck

Be'i et Wettdirigiere en dän Hi'emel wor Franz Schubert möt sinne Cherubim-Chor on Harfe-Orchester möt twi'e Runde Vorsprung vör Johann Sebastian Bach Irschder jeworde.

Hä kräej van dän alde Rheinberg, dä de Örjele on de Nu'eteschlüetele onger sech hat, als Preisrichter en Freibiljet, öm op de Erd möt de Zimärteszog te trecke.

Hä frogde sinne Ongermieter van dat Wolkestövke Tillmann Strater, off hä öm sägge küeß, wat dat i'ejentlich wör.

„Ja, Franz", seit Tillmann Strater, „do'e mottste mans et irsch ut dech enne kli'ene Engel maake lo'ete, — su'e töschen tehn on twelf Johr, angersch fällste ongen op. Mar, komm, ech help dech all."

En de „Verjüngungsabteilung" word Schubert jett tusame jestuckt, kräej en Quintanermütsch opjesatte on dann frogde Tillmann: „Watt wellste häbbe, — en Kirk, en Müehle, off en Hüßke?"

„Schau, Freunder'l, — wanns ging, — s'Dreimäderlhaus."

„Maake wir!" seit Strater, on pappde möt Stäerepappdeckel on Wolkekleister däm die Fackel tusame. En Käerz kräeje se en de „Abteilung Chreßböem", — dann worde be'i Schubert de Scharniere van de Flüejele noch jeschmäert, on wie de Sonn eiter Mexiko an't ongerjo'en wor, me'ik sech Schubert op de Wäeg.

Et es mar klor, dat dä op et Kempenerfeld aanbusselte on ko'em en de Jäejend van Holthauses Kull op Jronk.

Hä bong sech de Flüejele möt de Helpe faß on trock de Stadt erenn.

— Üewerall wor et all labendig on möt en paar Studente trock hä üewer, vör öm sech optestelle. Wat die ongeri'en vertällde, do'evan verstong hä kinn enzig Woort on hürde blu'eß jett van „Spönnsches", „Weckpoppe" on Püfferkes".

„Wie hetts dou", seit op i'enmo'el i'ene van die Böersch vör Schubert.

„Franzerl!" seit hä.

„Häb ech mech jedeit", seit Küllkes Konn, „sett ihr Flüchtlinge?"

„Gell, hast g'raten!" seit Schubert.

„Mäckt nix, — komm, — treck mar möt, — do'e kannste jett spanne."

On Küllkes Konn hat reit. Schubert hat ne'it U'ege jenog vör te kieke. Wat do'e op Stecker on Staake, an Dro'eht on Fämkes wippte on waggelte en alle Färwe, do'e wor die Prozessiu'en op Mozart sinnen Namesdag en dän Hi'emel nix täeje jewäß.

On wie Zimärte ko'em, minnde Schubert, dat hä däm bekännt vürköem, däm hat hä doch bo'ewen all en paar Kiehre be'i de Bischofskonferenz jesi'ehn.

44

Mar, dat Senge, die Musik, die Lüh on all die Blage, die Lantäere on Röiwe, die Jesi'echter hade, wie die van de Konkurrenz ut de Höll, die Püfferkes, Weckpoppe on die Päekfackele, — dat le'it öm üewerlegge, off hä ne'it bös Obersekunda op de Erd bliewe soll. Twi'e Stond laater stong hä möt all die Jonges enkel vör enkel eiteri'en, on jedder kräej en Weckpopp en de Hank jedöit, die en witt Piffke en de Monk haat.

„Dat lott ech denne dobo'ewe kieke", seit Schubert, „dat mott os dän Hi'emelsbäcker och ens maake."

Eiterher trock hä möt en Klübke van fief off säes Böersch van Stro'et zu Stro'et on se songe: „Bin ein kleiner König....", wat jarne'it stemmde, on op e'in Stell jeng möt e'in Kiehr dä Rahm op on en Fuß Nüet flog op de Stro'et. —

Wat jeng öm Wien on et Dreimäderlhaus, dä Harfeklub en dän Hi'emel on et Wolkestövke do'e bo'ewen aan, hä lo'eg op et Pflaster on jratschte no'e die Nüet.

Wat jo'ef hä drömm, dat hä eiteno'e sinn Studentenkapp n'eit miehr fenge ku'eß, — aach riepe brune Nüet hat hä en de Boxetäsch, — wor dot dann nix?

Näewenaan, en en angere Stro'et wo'ere se an't „Jizzhals" an't senge. Oh, wieh, — däm d a t aanjeng, däm wore twi'e Johr Fegefeuer si'eker. — —

Et letz no'ehm Küllkes Konn Schubert möt no'e Hus op et Bockertskockäete. Sinn Fackel schenkte Schubert die drei kli'ene Sösterkes van Küllkes Konn on kräej do'efür van die Motter noch ennen dicke Weckmann, dä möit hä möt no'e Hus näehme.

„B'hüt euch Gott, alle miteinand'!" seit Schubert — miehr ku'eß hä ne'it erutkrieje, on so'ech sech op ens wier bute onger dä Stäerenhi'emel möt sinn Fußhändsches aan.

„Hast schon recht, Tillmann Strater", deit hä vör sech, „daß dir's G'müt weich wird, wenn du von deiner Heimat red'st", me'ik sinn Flüejel wier van de Helpe fre'i, on en Oberbenrad jeng Schubert wier an de Start no'e sinn Wolkewo'ehnes. — — —

Bo'ewe ko'em hä ut et Vertälle ne'it erut, on wie hä Tillmann dä Weckmann jo'ev, kräej dä van däm twi'emo'el eiteri'en de Hank on seit vor öm: „Ja, Franz, — kannste mech nou versto'ehn? Komm, — wir spi'ele op dän Stäereorjel noch ens all die alde Stöckskes. —

On Schubert fong aan:

„Ich schnitt es gern in alle Rinden ein..."

ko'em ävver janz van selws op ens angersch ut.

„... laßt uns froh und munter sein..." — —

On wä dat ne'it jlüewe well, dat dat wohr passiert es, — ech häb Schubert sinn Quintanermütsch jefonge.

Dat Feuerwerk

Vör Johre kräej enne kli'ene Ort, en de Nöih van Kri'ewel, enne nöie Pastur.

Drei Wäeke vürher so'et en de Wirtschaff „Drei Duwe" en Comitee on üewerleit, wat alles an dän Dag, wo dä nöien Häer komm, opjestellt werde mu'eß. Enne Reiterzog, wite Kenger, Musik, Klockebeiere on Ständches, die kräej mer all tesame, on dreihongert kli'ene Fähnsches mu'eße noch jenett werde.

Do hat Borfersch Fränz noch ennen Enfall. Et O'ewes en Feuerwerk! dat wör jett, wo ni'emes draan deit.

„Dat es wor!" seit Tenhompels Fern. „Ech bön al si'ewe Johr Steiger en de freiwillige Feuerwehr. Ech wi'et möt son Saakes ömtujohn. Üewerlott mech mar dat Janze, dann wörd et och jett Reites." „Jemäckt!" re'ip dä janze Schwitt, dä Liehrer jo'ew noch en Runde Lager, on Tenhompels Fern drömde en die Neit van jlöije Räer, Schwärmer, Knallkeckerte on Joldräeje-Rakete. — —

Dä Mondag dono'e, wo suwiesu'e alles, wat jett op sech he'il, blau me'ik, fuhr ose Fern möt säeß Daler no Düsseldörp, öm die Saakes vör dat Feuerwerk avtehole. —

Et owes, töschen Dag on Donke, jing et wier op Hus aan. En de „Drei Duwe" wel hä jau an de Thi'ek noch en Körnsche drenke, do setten do'e en paar van dat Comitee on send an't Schnüffele. Mar wat die ne'it alles direk wi'ete wollde: Off hä och enn „Sonn" hei, on bonkte „Stäere", on Katzköpp" on Jott wi'et ne'it watt.

Ose Fern ko'em sech janz jeschwolle vür, on Schmi'et möt Fremdwört öm sech heröm, dat hä vör sech selwer all Ängs kräej. „Wat kennt Ihr van Pyrotechnik", seit hä. Domöt ki'ek hä janz enjebeldt op die jru'ete brune Schachtel voll Knallpaketsches, die näewe de Schirmständer stong.

„Wenn dat Zeug no och mar funktioniert on ne'it föchtig es", seit dä Kirkerendant Holthuse, dä ömmer jet vürsechtig wor.

„Jemaak!" seit Tenhompels Fern, all en bettsche op et Hemm jeträene, „äwwer wir könne jo'e son Deng ens utprobiere, wenn et onger os blivvt."

„Dat versteht sech vanselwer", seit dä Wirt möt sinne fussiige Bart, on satt ose Feuerwerker en fresch Jlas vör. Dä Liehrer hat wier die Spendierbox aan on seit: „Dä Fern kritt en Halfliter extra, alles blivvt onger os."

Fern jo'ef sech enen Döi on merkde, wat hä he'i van wichtige Roll spellde. Hä me'ik die Schachtel op, fummelde en Tiet lang drenn heröm on seit: „Oppasse! Ennen Düwelskeckert!"

Hä me'ik ut et Sonndagsblättsche en Femp, satt dat Paketsche en de Stu'ew, on he'il möt utjereckden Ärm die Femp an dat Lemmert. Alles warde, wat no ko'em.

Möt enne Knall sprong dä Keckert onger ennen Düesch, dann eiter et Büffee on dann op ens — — — medden en die Feuerwerkschachtel, die noch op de Erd stong.

Achtehn Jewittere, möt i'enmol losjelo'ete, wör mär Jefispels, täeje dat Höllewerk, wat do am Bord jing.

Donnerschläeg on Fonke van Ärmslängde, Flamme, Hüele on Bletze, wie be'i et jöngste Jerecht. Dä Jambrinus ko'em van de Mantelo-ewe eronger on die opjestoppde Üll word labendig on jeng fle'ije. En et Jläeserschaap wor en Filial van et Fegfeuer utjebro'eke on dä Wirt so'et möt sinn Kopp en et Jläserspöelbassäng on wor sech sinnem Bart an't lösche.

Dat Comitee so'et möt Bi'en on Köpp ani'en on drei Joldräeje-Rakete spellde No'ehlu'epe tösche ömjefalle Stöihl, Zijarekiskes on Siegerkränz van de Turnverein.

So ähnlich mot Sodoma on Gomrrha ongerjejange si'en. Et letz fi'el noch de O'ewespies ut de Wank en de Hexekäetel, on twi'e Elleböeg me'ike en Reis op i'eje Fuß dur de Rute bös bute op de Stro'et. — Vier Stond laater wor och de Feuerwehr do'e!

An dän dag, wie dä nöie Pastur kom, lo'ege drei van dat Comitee te Hus op et Sofa möt Essigsauretonerd-Ömschläeg, on dä Wirt, van de „Drei Duwe" jeng wie enne Amerikaner, jlatt rasiert. — — !

Krützpoort

Et hat dä Mattes Haverkamp
Dä Nam, — hä möit öm jäer,
Hä so'ech döcks op dän Huswäeg aan
Dä Mo'en vör en Lantäer.

Et wor et O'ewes, — all jett laat,
Ko'em hä be'i Schecks erut;
Dä letzde Jrosche, dä hä hat,
Jo'ew hä vör Fusel ut.

Do vüren aan lo'eg sinnen Ho'ef,
Mar, dat wor all son Saak,
Öm hürden tu noch ne'it ens miehr
De Panne op et Daak.

Wie hä nou an de Husdür ko'em,
Do'e stong all i'emes do'e
Dä ro'ek no'e, Schwäewel on no'e Päek,
On no'e verschrödde Hoor.

„Ech bön dän Düwel, — Haverkamp,"
„Ech wi'et, din Jeld es op,"
„Mar, vör din Si'el maak ech voll Jold"
„Dech dinn Kareschopp."

Jeseit, — jedo'en, däm Bur schlug enn,
Dän Düwel he'il sin Woort;
Hä fuhr drei Kare voll möt Jold
Dur Haverkamp sin Poort.

Mar, wie däm Bur be'i hellen Dag
Sechs ens die Saak bedeit,
Fe'il öm och en, wat hä verspro'ek.
Dän Düwel en die Neit. —

„Do'e sett ech dech en Steckske vür,"
Seit hä, — on jeng ne'it miehr
No'e Schecks on ne'it no Herstattsho'ef,
Le'it Fusel sto'ehn on Bier.

On molde dann möt witte Färv
En Krütz jau op sin Poort,
On wie et reite Wirke schmeckt
Hät hä noch döcks jekort. —

Et ko'em dann och no'e langen Tiet
Für Haverkamp et Eng,
On och dän Düwel ko'em, on ki'ek,
Wat op die Poort do'e steng.

On sin Jesi'ech, et trock sech lang,
Schni'et Fratze, krätzigsur,
„Ech minnde, ech wör schlau jewäes",
„Mar schlauer wor däm Bur." — —

Dän Ho'ef, dä sti'eht noch bös vandag
An sinnen alden Ort
On och dat Krütz ut witte Färv, —
Kiek, — — do'eher kömmt — — Krützpoort!

Vertäll ens jett!

Däm Bur wor twi'e Dag van sinne Ho'ef weg. Möt de Iserbahn op en Kenkdu'ep en de Eifel.
Wie hä wier no Hus kömmt, sti'eht däm sinne Kneit Jrades möt de VW an de Bahn, on well öm avho'ele.
„Na, — Jrades", sätt däm Bur, „wat jövvt et Nöies?"
„Och", — sätt Jrades, „nöies jövvt et nix."
„Es dann nix passiert, wie ech weg wor?"
„Näe, Bur, — passiert es jarnix."
„Och wat, Jrades, — et passiert doch ömmer jett op dän Ho'ef, wenn ech do'e bön. Soll dann en die twi'e Dag nix passiert si'en?"
„Näe, — passiert es nix."
„Dat well mech neet en de Kopp, — üewerlegg doch ens Jrades, en twi'e Dag kann doch allerhanks passiere; — vertäll mech doch ens jett."
„Ja", sätt Jrades, „wo ihr d a t säggt, dän Dures es ent Vörderrad de Schlauch jeplatzt."
„Es dat och all jett? — Wo es dä dann herjefahre?"
„No'e de Perdsdokter, — vürjister Owend."
„No'e de Perdsdokter? — Es dann en Dier krank?"
„Krank? — Näe! — Blu'eß dä schwarte Hings, dä hät sech et Krütz jebro'eke."
„Wat säste? Wat hät dä? — On dat säste mar su'e efällig. Wie es dat dann jeko'eme?"
„Bee et Waterfahre."
„Wat häbt ihr dann vön Water jefahre?"
„No'e et Füer, — für te lösche."
„Füer? — Wat vön Füer? - Jrades! Vertäll doch ens örntlich!"
„Ja, — die Schür es doch avjebrennt."
„De Schür es avjebrennt? On dat vertällst dou mech n o u irsch? On dann säst dou Flieres, et wör nix passiert? — —"
„Näe, Bur, — passiert es och nix. Dat es all jeloge. Ihr wollt jo'e, ech soll öch em bettsche jett vertälle — — — — — "

Dä Klo'es van de Waterkant

En dat Jo'ehr, wie en os Jäejend en jeddes Hus enne Zoldat als Einquartierung log, on op de Stro'et on en de Wenkels nett su'e vüel Tüen ut Leipzig, Berlin on Hamburg te hüere wore, wie van os Kant, wor Klo'es wier ens op Ku'emeswäeg.

Et hat jefro'ere, Jlatties hat mer och all jehatt, on die Kenger me'ike ühr Schollsaakes, wie ömmer, möt miehr Iefer on Fließ, wie sös en't Johr.

Och be'it Niehr Schnieder hat Klo'es all twi'e Kiehre jeschmi'ete, en Ti'eke, dat hä och det Johr die drei Trabante van däm besöcke ko'em. Dat wor vör die Jonges, die be'i däm en't Quartier loge jett Nöies. Dän I'ene van dänne wor enne Holsteiner on dän Angere ut Hamburg, — wo'e mer wahl de Klabautermann on de Si'ewiffkes kennt, ävver ne'it ose jemütliche Klo'es on sinne döcks onjemütliche Kneit. Wäejes dat dä Schnieder en et letzte Johr dur sinn Sti'ewel su'etesägges als Klo'es opjefalle wor, word avjemäckt, dat det Johr dä Oberjefreite ut Hamburg die Roll spellde, on dä Vatter dofür dän Düwel me'ik, dä mar blu'eß knure mu'eß.

Dröm bli'ew i'enen O'ewend dat Kaartespi'el en die Treck legge on dä „Klo'es" van de Waterkant kräej Instruktionsstond, wat Klö'es sägge, froge on dont; wie se jo'ehn modde on sech benäehme.

Wahl wor dä „Klo'es" en Polen et Neits möt en Schlauchboot medden dur die Maschinejewehrkugele üewer de Weichsel jefahre, ohne dat hä Ängs jehat hat, mar als „hellije Mann" en Stu'ew voll Blage op sech Sonnes te sätte, dat ko'em öm doch als en jewogt Stöck vür. Mar alles batt nix, hä ku'eß ne'it kniepe. Wie dän Dag ko'em, breit hä van sinn Kompanie noch twi'e Kamerode möt, die jespannt wore, wie sech enne Klo'es benömmt, dä van de Waterkant te Hus es.

Et wor jüß donkel op de Stro'et, do'e so'et alles be'i Schnieder Niehr en de Stu'ew, möt die eravjelo'ete Verdunkelungsrollos.

Twi'e Blage van näewenaan, wore möt ühr Missetate noch jau en dat „joldene Bock" drennjeko'eme.

Dä Vatter hong et Bankmo'et op dän Nagel on satt et Büejelieser van dän O'ewe, wäejes dat hä noch „ennen Anzog" mu'eß fortbrenge". — — Dän Düwel wor ongerwäejes — — .

En en Hengerstöwke twi'e Fraues möt dä Klo'es op Jang. Die Kommißsti'ewel stongen en de Hött, on dä Polenkrieger kräej bronzierde Turnschuhn aanjetrocke. Enne feine ru'ede Mantel, dä se möt Striepe van witt Kaninsfell jesümmt hade, honge se öm üewer de Scholdere, on dä witte Wattembart jeng bös do'e, wo'e dä

Spieß et Notizbock setten hätt. Nou die Mütsch möt Selwerpapier op de Kopp, — on dä Klo'es kue'eß en Stellung jo'ehn.
Ongerhangs wor ävver och dän Düwel su'e wiet, dä jeng jlatt als Luzifer sinne Oberstöeker dur, — su'e schwatt wor dä. On en Kett schleppte dä eiter sech her, die möt Mennig ru'et aanjestri'eke wor, on dröm wie jlöinig utsoch. —
Die Blage songe all de twedde Kier: „Nikolaus, komm in unser Haus — —", do'e jeng dä Klo'es möt Kettespektakel on Brommere'i de Trapp herop.
Die fief Blage songe, als off de Selligki'et do'evan avheng; on die Jru'ete holpe dobe'i. Ennen Unteroffizier spellde op sinn Fump all mötüewer.
Die Dür jeng op, on dä hellije Mann ko'em möt enne beschlagenem Brell op erenn. Dä Schwatte kro'ep op Häng on Föit.
Et Senge word direk jett hörscher, on dä Klo'es satt sech op dä jepolsterte Stouhl.
On wie hä kallde, do'e ku'eß mer hüre, dat hä van wiet dän ko'em. Hä wor möt „S-turmwolke" op de Erd jefahre öm te kieke, wat die „lütten Deerns on Jungs" me'ike. Se sollen mar „gornich en Bang-büx" si'ehn, hä wörd ne'it „slaan".
Die Kenger seite Sprüchkes op on mu'eße de Schollböcker wiese. Se seite: „Jo'e!" wenn se jefrogt worde, off se no'e ömmer brav wolle si'en on „Näe!", wenn et sech dröm jeng, laater möt Knied an de Hüsere te mo'ele on möt si'ewe Johr noch op de Fengere te lutsche.
Wat se dann jäer heie, — frogde Klo'es. Niehr Jüppke seit: „En Dampmasching möt en Spiritusöffke dronger on enne Färfkaas möt Jold on Selwer drenn. Toni hei jäer en Hämelkesklavier on enne Äesel, dä mot de Kopp waggele ku'eß on Tönnise Christiännche seit: „Enne kli'ene Quetschbüll möt richtije Tüen drenn, on lott dä Kre-ij mar ut jo'en, dann kömmt minne Pappa wier no Hus."
Die Mädsches wore möt Pöppkes on Kaffezerwie'es tefri'ene. Klo'es seit op alles „Jo'e!", blu'eß dän Düwel knurde, wie dät dat Wort „Krieg" hürde.
Wie die Zoldate dodrüewer laachde, so'et dä Zaras dennen all en de Kneck on wor die möt die jlönije Kett an't verbengele. Mar et letz kräeje die Zoldate von Klo'es och jedder en Weckpopp, die en erde Piffke vör dö wi'ekem Buck döide.
Dän Unteroffizier woll van Klo'es noch en nöi Täschemetz häbbe, do'e ko'em all wier enne schwore Sti'ewel die Trapp herop.
All wier enne Klo'es? — — Frau Niehr me'ik de Dür op. Do'e stong enne Zoldat möt en Täschelamp en et Knopslo'ek van de Uniform. „Entschuldigen Sie, —" seit hä, „ist Obergefreiter Reinke hier?" Dän Düwel word onröihig. — Die Jru'ete ki'eke allemo'ele Klo'es aan.

Dä stong van sinne jepolsterte Stouhl op on seit janz feierlich:
„Hummel! Hummel!"
Halwer verstong dä Zoldat wat jespellt word on seit: „Ich komme
gerade von der Schreibs-tube, hier ein Urlaubsschein, vierzehn
Tage Heimaturlaub für Obergefreiter Reinke!" — — —
Klo'es jo'ev sinne joldene Stab dän Düwel en de Kralle, no'ehm däm
Bre'if aan on seit: „Ich werde ihm den schon bringen, er freut sich
bes-timmt."
Dann jo'ev hä dän Zoldat ut sinn Täsch twi'e dicke Äppel. Dä
knallde vör Klo'es die Sti'ewelshacke tusame, seit: „Dankeschön!"
on stalpde wier erut en et Düstere. —
Wä nou miehr Freud en desen Ogembleck jehat hät, — die Blage, off
Klo'es selwer, — wä kann et sägge. Si'eker es ävver dat, dän erde
Mutz ut die Weckpopp, die dä Oberjefreite sech dän angerten
Owend möt no'e sinn Motter en Hamburg no'ehm, dä word ver-
wahrt, äewe su'e jo'et wie dat Stöckske Jranatsplitter, wat die
Döktersch däm en halv Johr laater en et Lazarett en Beverloo en
Belgien ut et reiter Bi'en erutno'ehme.
Dän Dag no'e Klo'esowend wor et en de Scholl ronk: „Be'i Niehr
Schnieder wor dä richtige Klo'es, dä hei en janze fremme Spro'ek
jehatt, on twi'e Böersch hade klo'er jehürt, wie dä vör dä fremme
Zoldat: „Himmel! Himmel!" jeseit hat.
On d a t trock! — —

Et Läewe

Et Läewe es en Korefeld,
Die Heimat es dä Jronk,
On jeddes Hälmke: i'enen Dag
Möt Köres, jäel on ronk.
Dat send die Stonde, die Dou läws;
Die Blömkes an dä Rank,
Dat es die Freud, Dou wetts dovür
Dän Herrjott Dinnen Dank.
Die Wolke send die schwore Dag,
Ko'em Bletz on Hagelschlag,
Dann jeng dä Kre'ig möt Nu'et on Li'ed
Dur Dinnen Läewesdag.
Mar ömmer ko'em die Sonn wier dur,
Dän Hi'emel word wier klor,
On möt dän Tiet word jedder Halm
Jesäejent, voll on schwor. — — —

Dinn Läewe es en Korefeld,
Nou achtzig Morje jru'et,
On jeddes Hälmke i'enen Dag,
Möt Blömkes, jäel on ru'et. —
Dän Herjott, dä et waaße le'it,
Hä jo'ev möt volle Häng,
On hölpt Dech, wenn dän Dag ens kömmt,
Och an Dinn sellig Eng.

Zum Tage der Vollendung des 80. Lebensjahres
meiner lieben Mutter gewidmet.

55

Wie wir en dä Keller so'ete....

Et wor all wier su'e, wie ömmer kört no Medderneit.
Die Tuut jeng on et hat sech wier Besöck aanjeseit van de Scheldemündung.
Möllenkamps sprong en de Box, dä Reem faßjetrocke, die Schläejermütsch op, on dann de Trapp eronger en de Keller. Möt dän Tiet hat mer all Kattenu'ege jekräeje on wu'eß de Trett al utwendig.
Be'i Le'it besi'ehn, soch hä ut wie enne Schiffschaukelbremser.
I'ene no dän Angere ko'em die Trapp eronger jestalpt.
Frau Kamps, die jeng möt ühre violetten Ömhang als Bischof dur, mar Janses Kätche le'it en vürwetzig Fleitsche üewer de Krag van enne Mannsrock bommele.
Dann ko'em die op te Hipts Famillije.
Hä als Feuerwehrmann alarmferdig, on die vier Blage en Laakes on Döck jedrett.
Dän alde du'ewe Kellendonk möt twi'e Wollschals, ennen alden Überzieher aan on en Iserbahnerkapp op.
Ennem Bärm voll Kösses op dän Ärm, ko'em et letz Bongartz Henn möt sinn Frau on dä Männ, möt Schluffen aan, als wöre se op Stolzenfels.
Jedder hat sin i'eje Plätzke; näewen et Äppelschaap, be'i et Enjemäcks, onger et Schaap möt die Jläeser voll Garantol-Eier, off en de Hött, wo et Schanzzeug stong. —
Dat Hus hat et aan sech.
Die he'ile tesame wie Siemens on Schuckert.
No'e Fiero'ewend spellden die Jru'ete en jedder Wo'ehnes ens, „Mensch ärgere dich nicht", on die verspellde Penninge ko'eme en enne besongere Sparpott.
Früher hat mer dovann als en Fläsch Pfeffermönz off Wacholder jeholt, mar en d e s Tiet, hat mer van dat Jeld en jemeinschaftlich Jaßmaske jejolde.
Jedden O'ewend dörfde dat I'ene van denne opsätte. Wäejes dat ävver die Kenger dovan bang worde, mu'eß dä, dä dat Deng ömde'i, en enne extra Keller jo'ehn, wo'e de Jaßuhre honge on et Hauptventil van et Waater wor.
Dat kinne Striet öm dat Maske ko'em, word et o'ewes avjetällt:

> „Bombe, Flak on e'in, twi'e, dre'i„
> „Setten en dä Keller he'i,"
> „Vier on fief, wat ös jedo'en,"
> „Säes on si'ewe, — dou moß jo'ehn!"

En d e s Neit hat dän du'ewe Kellendonk dat Jlöck, stölpde sech dat Maske üewer sinn Plaat, satt die Iserbahnermütsch bo'ewendrop on jeng en dä Keller möt die Jaßuhre.

Hä wor su'etesägges de Stoßtrupp van et Hus.

Letzte Neit wor be'i et Uttälle Janses Kätche erutjeko'eme. Se hat dat Maske ävver jäer an dä Möllenkamps avjeträene, wäejes dat ühr „Hänske", dä Kanari'evurel, dä se ömmer möt en de Keller no'ehm, dann möt en näck Jesi'ech en de Kau sette mu'eß.

Peng! Bumms! — — Die Flak fong aan te sche'ite. Alles lusterde, mar, — et hürde jau wier op. Blu'eß enne enkele Fliejer kümmde üewer de Däeker.

Do'e klomm Bongartz Henn op en Kiß, wo en paar Ki'ene van alde Äerpel erutki'eke on fong aan:

„Ihr le'iwe Lüh en't Hus„

„Kalle ös sös ne'it minn Di'el, ävver vandag häbbe wir en Jubiläum. Wir setten et twi'ehongertste Mo'el he'i en de Keller on dat ös enne Jronk, dat wir os die Stonde en de Ongerwelt jett jemütlich maake. Dröm hät minne Jong, dä Männ, sinn Laterna-Magica mötjebreit, on wenn Ihr, Häer Möllenkamps, en bettsche op et Marmeladeschaap aanrötscht, dann häbbe wir och die witte Wank fre'i. Et irsch krieje wir te si'ehn: „Ronk öm de Nordpol!" on dann als Hauptstöck: „Uhlespi'ejel on sinn Stri'ek". Wir lotten os ne'it ongerkrieje, on allemo'ele wörd os noch ens en Le'it opjo'ehn — — — —."

Bumms! — Bumms! — jeng et on et elektrische Le'it jeng langsam ut. Örjes wor de Hochspannung jetroffe.

„Wä hät en Käerz?" re'ip en Stemm ut de Jäejend, wo et Bu'ehnedöppe stong.

Kinn Antwort. — Op ens seit die Kamps: „Be'i mech bo'ewen en de Treck van et Neitskonsölche häb ech noch enne Stomp legge, ech jonn öm ävver ne'it ho'ele, minne Mann hät Nachtschicht."

„Dat donn ech", seit dä Janses on talmde die düstere Trapp erop, ko'em ävver möt Verjäet en die Wo'ehnes van Möllenkamps ut.

Hä hat all en ni'ejentehn Trecke jemuschelt, i'ehr hä no'e en halwe Stond möt en Käerz wier no onge ko'em. Dat hä möt de Fenger en enn o'epe Mußfall jeko'eme wor, dat he'il hä vör sechs.

„Wä hät Spöen?" — —

O, — jömmich, do'e mu'eß en nöi Expedition no'e bo'ewe.

Feuerwehrmann op te Hipt, dat wor dä Mann vör Saakes, die möt Füer tesame honge, dä reite.

Bo'ewe jeng die Söckere'i wier loß.

Enne Jaßanzünder on twi'e läeje Döskes, dat wor alles, wat hä en sinn i'eje on twi'e fremme Wo'ehnesse opdriewe ku'eß.

En dän Tiet hat ji'emes be'i dat raape on taaste Janses Kätche ühr
Kau möt dä Kanari'evugel van de Kappestonn jestu'ete, on dä
Harzer Roller flog wie enne dreimotorige Engländer öm die Krön-
sches on Uhrläppkes, dat dä op te Hipts dat Kriete bös bo'ewen op
de Söllerkamer hüere ku'eß.

Wie hä en die Jaardebox van dä Kellendonk op ens en Döske möt
säes richtije Spöen fong, fiel hä miehr als hä jeng die fief Trappe
eronger on verlor dobe'i sinne Felzschluff en de Jäejend van Janses
Jängske.

Mar, — wie dä Spo'en aanjeng, word mer jewahr, dat dä Janses platz
en Käerz — en nagelnöi Stang E i n h e i t s r a s i e r s i ' e p van sinn
Söckere'i mötjebreit hat, on — et bli'ew düster.

Do'e hat ävver dän Hi'emel on et elektrische Werk en Ensi'ehn,
—— et Le'it jeng wier aan.

Janses Kätche ühre Kanari'evugel, dä so'et voll Hertkloppe on
Spennjewäws op et Äppelschaap on word möt vüel Buhei wier en de
Kau jelockst.

On wenn dat Laterna-Magica enne Tonfilm möt Hans Albers on
Marika Rökk hei lu'epe lo'ete, dovür wor ni'emes miehr te häbbe,
on möt Laakes, Schluffe on Kösses trock die Feuerwehr, däm
Bischof, däm Bremser van die Schiffsschaukel on die angere möt
ühren Anhang wier no'e bo'ewe. — —

Wie angertendags öm half tehn morjes däm Bre'ifdräger en Feld-
postkaart van Bongartz Henn sinne Älteste breit, do'e ko'em och
dän du'ewe Kellendonk möt et Jaßmaske op, wier ut dä Keller.

Wäejes dat dä van die Entwarnung nix jehürt hat, wor et däm te
domm jeworde, miehr wie ni'eje Stond näewe de Jaßuhre te sette.
Be'i et Uttälle an dän nächsten O'ewend hät dä ne'it miehr möt-
jedo'en.

Wier tu Hus

Es dat si'eker minne Jaart?
Dörf ech selws wier Plante trecke? —
Pack de Schöpp wier en de Hank,
Jonn möt Klompe üewer't Lank,
Lur ens üewer Nobbersch Hecke.

Jar ne'it hu'ech, van welde Palm
Kann ens röihig drüewer taaste, — —
So'et möt minne Kamero'ed,
Fief Johr eiter Stacheldro'eht,
Voller Döres, — fief Johr faaste. —

Alles, alles hät en Eng,
Kiek, minn Frau, die es an't menge,
Sonndag jövvt et Appeltaat,
Zaus on Äerpel, Kooreschlaat,
On Jott wi'et van lecker Denge.

Üewerall bliev ech ens sto'ehn,
Mot mech üewerall ens sätte, —
Möt et Mimmke spi'el ech jett,
Die son sammert Fellke hät,
Schmock die letz van min Zarette.

Treck de Küekenuhr wier op,
Täll die Schlüetels an et Reckske,
Reits dä, möt dä kli'enem Bart,
Es dä ne'it van ose Jaart?
On dä Kli'ene van et Treckske?

Van et Treckske, wo'e min Frau
Sös hät alles enjeschlo'ete;
On et Böckske van de Kaß
Me'ik os twi'e jehürig Spaß,
Wie wir noch tesame so'ete.

Wor ech och die Johre weg, —
Frau, — dou häß dech brav jehalde,
Sorg on U'esel. schworen Tiet,
Dou alle'in on ech su'e wiet, —
Allebeds send wir die Alde.

59

Nou kann ech wier öm dech si'en,
Könne wier tesame läewe,
Hus on Heimat mäckt os riek,
On dän Hi'emel, — Fräuke, — kiek, —
Wörd os sinne Säeje jäewe.

Si'ewe Böckeme

Dat wor en dän Tiet, wo'e mer möt Punkte op de Welt ko'em on et
en de „Schlang sto'ehn" akrat su'e vüel op sech hat, wie et O'ehm·
schöppe.

„Et jövvt Böckeme!" seit do'e die Motter vör Heini. „He'i, häßde
de Feschkart, dou moßt dech en de Reih stelle, ech häb vandag
kennen Tiet."

Heini trock möt die Kaart avv. Hä hat all en janze Prozessiu'en vör
sech, als hä an dä Lade ko'em on et dürde wahl noch en halwe Stond
ihr dat die Dür opjemäckt word.

Do'e ko'em Bertrams Knudel, Piffkes Leo. Lintermanns Latt möt
noch son paar Kadette tösche aach on tehn Johr do'e langes on
Piffkes Leo seit vör däm:

„Wir jonnt Indianer spi'ele. Die Bleichjesi'echter van de Bessems-
hött, die häbbe be'i ose Häuptling en dän Husjang van et Wigwam
jespöit. Wir häbben et Kriegsbeil utjejrawe on Lankes Köbi kömmt
vandag an de Marterpfahl. Dä hät be'i Bökels Bäcker an de Plänk
jeschri'ewe: „Die „listige Schlange" ist ein Feigling". Komm, —
Heini, — ihr dat dä Lade tujemäckt wörd, send wir längs wier he'i."

Heini üewerleit, — en twi'e Stond wore si'eker och noch Böckeme
do'e on dat en de Schlang sto'ehn, wor su'ewiesu'e nix vör däm.

„Yes!" seit hä, „ech jonn möt en de Prärie!"

En van de Brands Böschke word sech et janze Jesi'ech bemollt on
Kriegsrat jehalde. Lintermanns Latt wor Häuptling. Drei witte
Jaasfeere worde möt Droht en de Hoore faßjemäckt on en ahl
Fasselo'ewespröck als „Skalp" an die Helpe faßjebonge.

Dann trock Bertrams Knudel, dä „Fliejende Mokassin" ennen alde
Mutz als Kalumet ut de Täsch, et ko'em jett Selbstzucht drenn on
Piffkes Leo, vör däm se de „rösige Bletz" seite, me'ik möt en jekläut
Spönsche die Pief aan.

Allemo'ele trocke se ens draan, wobe'i Icks Toni, dä „brüllende
Geier" sech verschluckde on et Jronkwaater en de U'ege sto'ehn

hat. Heini, als „listiger Frosch" word als Kundschafter dur de Bromele jescheckt. Wenn hä dreimo'el eiteri'en ennen Hahneschrei no'ejemäckt hat, mu'eß dat janze Indianervolk däm no'eku'eme. — Die Bleichjesi'echter van de Bessemshött hade sech en Äerpelsfüerke jemäckt on wore sech an't kli'en Äerpels an't bro'ene. Se hade „Fippi", ennen Honk, möt, dä dur de Fure ströppde.

Dä hat op ens Heini op de Kieker on jo'ef sech an't belle. Die Trapper bürden de Kopp, on ihr dat Heini „Kikerkiki" schreie ku'eß, wore die okulierde Westmänner eiter däm her on bonge däm möt sin i'eje Lasso an enne Kaschteiembu'em faß.

Mar dä „fliejende Mokassin" hat jett jehürt, on die Rothäute kro'epe op Häng on Föit dur de Worbelestrüük.

Wie die dat Mallör soge, re'ip Lintermanns Latt: „Los, — meine roten Brüder! Wir träne denne dat Äerpelsfüerke ut on maake dä „listige Frosch" wier loß."

Möt en furchtbar Jeheul wore se op ens ut die Strüük erut, on die Trapper on Indianer wore mar blu'eß noch enne Knudel van Ärm on Bi'en, Livvkesboxe on wolle Römpkes.

Dä „Brüllende Geier" le'ip eiter Bongartz Büll her on jri'ep däm en Fuß jebro'ene Äerpels avv.

Aach Indianerbi'en tro'ene dat Füerke ut on „Old Chesterfield" van et Nierebrock hat de Naas an't bloue.

Fippi ri'et Bertrams Knudel en Stöck ut de Box on jeng möt die Fasselowespröck, dä Skalp, piele.

Wä jewonne hat, wo'er ne'it klor te üewersi'ehn, ävver Heini ko'em op die Art on Wies noch ens an de „ewige Jagdgründe" vorbe'i.

Wie die Indianer die jebro'ene Äerpelskes an't Äete an't du'en wore, do fi'el Heini op ens dat Böckemsjeschäft en. Hä föllde en alle Täsche, — — die Feschkaarte wore weg, — die loge en de Prärie. Onger sinne Skalp ko'eme öm allerhanks onröihige Jedanke, wenn hä an tu Hus deit.

„Meine roten Brüder!" seit Lintermanns Latt. „Mötjehange, — mötjefange. Wir häbbe allemo'ele te Hus Böckeme jekräeje. Wir kalle jedder möt os Motter, die soll os jedder ennem Böckem jäewe. Dann kritt dä „listige Frosch" ne'it die Box verbläut. Ich habe gesprochen! Howgh!"

Dä janze Stamm neckde möt de Kopp, on wie se no'e Hus trocke, kräej dat Klübke van die Möttersch si'ewe Böckeme tesame.

Wie se be'i de Liehrer an't Hus vörbe'i ko'eme, stong däm sinne Jong an de Dür on seit vör Heini: „Häß dou jett aanjestellt? Minne Vatter es vör en Stond no'e öch jero'epe word." — —

Wat wor dat nou allwier? — — Heini sonk et Hert bös en däm Boxembo'em — — —

On wat wor loß? — Be'i Heini te Hus wor en Paket aanjeko'eme, van däm sinne U'ehme Hermann ut Kentucky en Amerika, on dä Liehrer mu'eß dä englische Bre'if, dä dobe'i wor, üewersätte.
Mar, — wat wor alles en dat Päckske drenn? — Nudele on Kakau, witt Mäehl on Rosine, en Du'es Fett on Zarette vör de Papp.
Wie die Motter van Heini dat Stöckske möt die Böckeme hürde, seit die: „Alle Indianers send op Heini sinne Jeburtsdag am Mondag be'i os en de Jaart op et Püfferkesäete enjelade. E'in Ihr es de angere wert. — D a t es noch ens Fröndschaff!!"
Dä „fliejende Mokassin" woll ühr vör Freud dat Kalumet schenke on dä „listige Frosch" jo'ev sinn Motter en Küßke. — —
En halv Ponk donkelen Oker hat dat Völkske sech an Heini sinne Jeburtsdag en et Jesi'ech jepinselt, öm als richtije Indianer ut te si'ehn.
Se so'ete allemo'ele op de Bli'ek eiter et Hus on o'ete reite fettige Püfferkes ut amerikanisch Mäehl on kalifornische Rosine. Heinis Motter kräej en Adlerfeer van witte Leghorn en et Krönsche jedäut on en Amulett öm dän Hals jehange, möt enne richtije Kaninspu'et draan.
Wie die an die Heck vörbe'i ko'em soch die, wie sech hörschkes enne Schlauch van en Luftschutzspüet dur de Liguster döide. Dat wore die Savannejäejer ut de Bessemshött, die Livvkesbox voll Rachejedanke. Die stonge möt drei Marmeladeemmere voll Water op de angere Sie on wollde ohne „Pfeil dem Bogen" die „Hacienda des Friedens" onger Water sette. —
Simm!! — — Die Motter trock dat Mundstöck möt dä Schlauch möt bedste Häng dur die Heck. Die Jitschräuber fi'ele möt die Emmere on die Spüet öm on markierde en Wettschwemme en dat mührige Päppke. Lintermanns Latt, dä Häuptling, mu'eß wier ens kalle:
„Apachen! Das war der Feind! Wonderful! — Heini, — dinn Motter es en Squaw, do'e küesse wir de Kapp vör avnäehme, wenn wir en opheie. Die kömmt in den „Rat der Ältesten" on nennt sech van vandag „Old Jitsch-Jrieper". Ech sägg noch vüelmols Merci, vör die Püfferkes on vör dä Schlauch."
En Jemurmels ko'em van die Rothäute, on Piffkes Leo woll wier de Friedenspief schmocke. „Nix do'e!" seit die Motter. „Jetzt wörd jejäete. Nou häb ech möttesägge. Howgh!"

Os Mottersproek

Wat hät sech jeängert, die Mu'ede, die Mensche,
Wä kennt dann sinn Hus on sinn Heimat noch wier,
Dat Denke on Wirke, dat Fiere on Räeste,
Alles es angersch, op ens, — möt en Kier. —
Alles? — Ech kenn jett, dat sti'eht wie en Pöllke,
Blöit wie en Blömke op Mure on Ste'in, — —
Wä ut de Feere no'e Hus hät jefonge,
On alles verlore, — dat bli'ev öm alle'in?

Et de'i op öm waarde, wie hä wor do'e bute,
Wenn hä van früher, sinn Heimat jedrömmt,
Die, wie en Motter, janz höerschkes, dat Kengke,
Wat sech verlu'epe, an't Hängke wier nömmt.
Wißt öm dat Hus, do'e wo'e hä jebore,
Schollho'ef on Bongert, do'e wo'e hä jespellt,
Wo'e hä jewirkt, gefre'it on jefiert hät,
Möit et ne'it tusche, möt nix en de Welt.

Mäckt sech ne'it bri'et, et kömmt wie en Mädsche:
„Jo'et, dat dou do'e bös, mech wörste ne'it satt",
„Dörfs nou wier kalle wie dou et jewennt bös",
„Schriewe on senge on — bäene op Platt."
Dat es die Spro'ek, mer kann et ne'it sägge,
Ävver mer föllt et, die sti'eht op ühr Stöck,
Es wie en Wonger, wat üewerjebli'ewe,
Lött os wier jlüewe, wie Kenger, — — an't Jlöck. — —

Michel Brocks

Dat wor Michel Brocks. Jonggesell on Uhreaevläeser be'i de Jaßfa-
brik: — jenau bös en et klennste on möt de Minütt en de Welt. Mer
ku'eß sech op öm verlo'ete.

En Hushäldersche he'il öm Küek on Kaas en de Re'ih on van
erutjo'ehn he'il hä ne'it vüel.

Et O'ewes so'et hä en sinn Wo'ehnstu'ev, de'i en de Zeitung läese
off spellde op sinn Piston. Dann sti'ep de janze Nobberschaff de
Fenstere op. Sinn livvs Stöckske wor dat ut dä „Trompeter van
Säckinge": „Behüt dich Gott, es wär so schön gewesen!"

Mar i'enen Dag en et Johr jo'ev et, dann de'i Michel jett, datt fi'el ut
de Art.

Dat wor op Zent Welsmdag, dän 28. Mai. Hä trock sech dann sinne
Jehrock aan, holde sech ennem Bre'if ut de Broßtäesch on de'i dä
janz vörsechtig läese. —

Wie Michel ens jong wor, do'e hat hä jefre'it. Twi'e Johr hat hä en
Mädsche jekennt, mar si'eker, wie hä wor, hat hä ne'it dän Dri'ehn
jekräeje, öm van et Traue aantufange. Do'e wor op ens däm Bre'if en
et Hus jeko'eme, — — dän Abschied. En nöi Mädsche hat hä ne'it
miehr eiterno'e aanjeki'eke on hä wor alle'injebli'ewe. —

Et wor wier op Zent-Welmsdag. No'e et O'ewesäete jeng Michel an
dä Kaas, öm sech sinne Jehrock aantutrecke.

Wat wor dat? — Dä Rock hong ne'it miehr do'e on hä re'ip sinn
Hushäldersche: „Anna, — wo'e es dä schwatte Rock?"

„Ja, — Herr Brocks, dat mot ihr doch wi'ete. Dä häbbe wir doch
be'i die Brockesammlung avjejäewe vör die Jonges, die ut de Jefan-
genschaft ku'eme."

Michel jeng en Le'it op. — Dat stemmde. — On en die Broßtäesch
so'et däm Bre'if — — —.

„Dou kanns jo'ehn, et es jo'et."

Angerte Morjes jeng hä no'e die Brockesammlung. Die Mädsches,
die do'e an't zortiere wo'ere, ki'eke en de Böcker no'e. Drei Jehröck
wore an den Dag avjejäewe worde, mar, die woren och all utjejäewe.
Michel frogde sech die Names van die Lüh, die die Röck jekräeje
hade, — hä hei noch jett en sin Täsch drenn jehat. — —

Hä no'ehm sech ennen Dag fre'i, — on et Läewe fong möt öm aan
Pinau tu spi'ele. — —

Op de erschde Stell ko'em hä verjäeves. Dä Jong, dä dä Rock
jekräeje hat, wor möt en Liek, on hat dä aanjetrocke.

Michel trock no'e de Kerkho'ef. Dä Liekenzog wor jrad op de Wäeg
no'e et Jraav. Michel trock möt —.

Allemo'ele die Anzög wor schwatt, jenau wie der sinne. Hä fi'el jerejelt op, wäejes dat hä üewerall no'e de Knüep lurde. Et wor ömesües on dröm jo'ef hä sech an't froge.

Twi'eontwentig haden all möt de Kopp jeschöddelt, mar do'e hat hä Jlöck, — hä hat dä Mann möt dä Rock ut die Brockesammlung jefonge. Ävver, — dä Rock wo ne'it der sinne, dä hat blanke Knüep. Anstandshalwer bli'ev hä möt an et Jraav on jri'en och ut Jefälligki'et en Trönsche mötüewer. Wie dä Jesangverein noch en trurig Ledsche song, stong Michel eiter dä twedden Tenor on brommde mötüewer. Ut dän Duedezettel word hä laater jewahr, dat dän ärmen Hals, dä hä möt bejrawe hat, en Frau on fief Kenger hat. Dä hat et ne'it nöddig jehat, jeddes Johr ennem Bre'if durteläese.

Jongesjo'e, — — däm Bre'if, — —

Op die twedde Stell ko'em hä op en Hochtiet. Do wore se an't schmocke on an't Schnäpskes an't drenke.

Hä ko'em en de Küek, be'i de Ko'ekfrau ut. Die re'ip dä Schwoger van däm Bräutigam erenn.

Wie dä dat Stöckske möt däm Bre'if hürde, laachde dä ne'it schleit on seit: „Wart mar en Minüttche, ech frog ens en die Jesellschaff." Drei van die Jäes hade sech enne Rock jelennt, mar i'ene wor dä Reite, dä hat öm sech en de Brockesammlung jehollt.

Ävver op die Broßtäesch so'et en Monogramm on ennem Bre'if wor och ne'it drenn.

Twi'e Schnäpskes on en Zijar kräeg hä als Trostpreis on ki'ek möt enne vürwetzige Bleck be'i et erutjo'ehn no et Bruutpaar. Die hade sech an et Hängke on laachden üewer et janze Jesi'ech. —

Och die haden et angersch aanjefange, wie hä selwer. Die so'egen ne'it dono'e ut, als off se sech als enne Abschiedsbre'if jeschri'ewe heie, — —

No'e no die letzte Stell.

Dat wor enne Musiker. Dä spellde en en Kaffehus en en Kapell. En sinn janz Läewe wor Michel noch ne'it an i'enen Dag su'evüel tösche de Mensche jeko'eme.

Hä bestellde sech en Taß Kaffe on warde, bös dat Musikstöckske: „Im Prater blühn wieder die Bäume" an't Eng wor.

Möt dä Violinspi'eler fong hä aan. — Ömesu'es! — —

Dä Jazzschläejer on dä Klavierspi'eler hat och all möt de Kopp jewaggelt, do'e fenge die säes wier aan: „Wenn in Capri die rote Sonne ins Meer versinkt... "

Hä mu'eß noch en Stöck drüje Appeltaat äete, vör tehn Jramm Zucker — on fiffzig Jramm Bru'etmarke.

Dä letzte Tu'en hong en de Loff, do'e jeng wier Michel op dä Klanettblöeser aan. On be'i däm wor hä reit! — —

Dä neckde möt de Kopp on Michel kennde sinne Batzschläejer wier.

Mar der Bre'if hat dä Klanettblöeser te Hus en de Treck, — hä hat öm en de Broßtäesch jefonge.

Jottseidank, deit Michel, — — endlich!

„Sett su'e jo'et on jott öm mech ho'ele", seit Michel. „Wie ech senn, blost ihr och et Piston, dat kann ech och. Ech donn öch dann su'elang verträene." — —

Tehn Minütte laater so'et Michel op dat Podium on de'i sinn janze Sorje sech van de Si'el blo'ese. Wie hä die „Post im Walde" spellde, do wore die Lüh en dat Kaffehus rein wie ut et Hüske.

No en Stöndsche wor dä Klanettemann möt däm Bre'if wier do'e. Michel no'ehm em aan, als hei dä dän Doktertitel jekräeje, on en Stond laater wor hä wier en sin Wo'ehnes. —

Hä trock de Regulator op satt die Wieser drei Minütte trück, jo'ef dä Kanarievu'egel fresche Soot en dat Bäckske, me'ik alle Trecke tu, putzte sech däm Brell on de'i däm Bre'if, Wörtsche vör Wörtsche läese. Dann kräej hä sech sin Tröet on blosde de letzte Kiehr: „Behüt dich Gott, es wär so schön gewesen …"

Drop trock hä die Zijar ut die Täsch, die hä et morjes op die Hochtiet jekräeje hat, me'ik ut däm Bre'if en Femp on sto'ek sech die Zijar aan. Janz höerschkes brennde däm Bre'if op on die Äesch dovan de'i hä bute op de Fensterbank an de Jranium. — —

Dat wor Michel Brocks sinne letzte Jonggeselle-Jedächtnisdag.

Et janz Läewe
es èn Wipp

Et janze Läewe es en Wipp, —
On die ji'eht op on nier.
On hät et Jlöck adschüß jeseit,
Paß op! — Et kömmt wier wier.
Wir setten all op i'ene Po'ehl,
Wie Pute, kle'in on nett,
On halden os jehürig faß
On sengen öm de Wett.

Et janze Läewe es en Wipp, —
Wir wi'ete all Beschi'ed,
Schmiet fort, van dinn Zijar die Kipp
En Kißke sti'eht jeri'et.
Häß dou kinn Auto, kinn Benzin,
Dann jonn mar nett te foot.
Os Lüh, he'i onge an dä Rhien
Nömmt ni'emes ose Moot.

Et janze Läewe es en Wipp, —
Lott jo'ehn mar, wie et well.
Ech kenn vör dech dä reiten Tip:
Dän Hi'emel wörd wier hell.
Dou setts ne'it ömmer op de Jronk,
Et ji'eht wier en de Hösch. —
Halt ömmer Hert on Si'el jesonk,
Dann batt dat dech on mech.

Et janze Läewe es en Wipp, —
Mar, kömmt dä letzten Dag,
Dann sätt dech an et reite Eng,
Wat b o ' e w e sto'ehn dann mag.
Dann es dä Wäeg mar halv su'e wiet
Bös an die Hi'emelsdür, —
Dann ji'eht et mar noch en de Hösch,
On nie miehr op on — nier.

Dä Broncekopp

Dän alden Anstötz wor Hospes van dat Hus Kleigatz Nr. 12. En dä Flüejel be'i däm wonnde all fiefontwentig Johr Kemmerlings Fretz, enne Jonggesell. Dä wor Musiker, on mer se'it vör däm „de Klanett", wäejes dat dä be'i de Festzög on op dem Ball de Klanett blo'ese de'i. En die twi'e angere Kamere, die dat Hus hat, wonnde die ahl Kox, en Wettfrau, die van sech sägge ku'eß: „Schle'it hüre kann ech jout!", die wor su'e doof wie en Nu'et.
Dän Anstötz woll däm Kemmerlings op sinn fiefontwentigjährig Flüejelswo'ehnesmietsjubiläum en Freud maake, on däm enne Beethovekopp schenke, vör öm op de Mantelo'ewe te sätte.
Hä jeng de Trapp erop, die ahl Kox öm Ro'et froge, wat die dovan he'il.
„Ech mot öch ens spräeke", se'it hä, — wat halt ihr van enne Beethovekopp, dä kann hä sech op däm Mantelo'ewe sätte."
„Wat se'it ihr? Minnen O'ewe? Näe, dä well ne'it miehr trecke, ech mü'eß de Pief ens drut näehme."
„Ihr möt ühr Pief, — Ech kall van enne Broncekopp, wo'e dä et ömmer möt de Musik hätt."
„Doe hat ihr reit! Ech häbb och all möt Antrazit versout, mar et bäeß brennt Nuß drei."
„Dou le'iw Chreßkenke! Wä kallt van Antrazit? Ech well jet vör dä Kemmerlings."
„Hüert mech op! seit die ahl Kox. „Die Hemmer lengs drage, minnt ihr, dann küeß mer dän O'ewe ut lo'ete?"
„Blo'eßt mech op Häut, möt ühren O'ewe! Ech kall van enne Komponistenkopp."
„Die Kommuniste? Die sollen och an alles schold si'ehn!"
„Ech werd verröck! En Büste! Enne Künstlerkopp, Ne'it O'ewe!"
„Beethove? — Wie kommt ihr dann van min Fanüßke op Beethove?"
„Do'e kall ech doch dä janzen Tiet van. För dä Kemmerlings sinn Jubiläum."
„Jo'e, — dat ku'eßt ihr doch jliek sägge. Do'e wör ech och vür", se'it die Kox.
„Jottseidank!" se'it dä Anstötz. „Dat ko'eß Nerve."
„Wä es an't sterwe?" frogde die Kox.
„Ech!" se'it dä Anstötz, on me'ik sech dodur. — —
Angertendags trocken die twi'e en de Stadt, sonne Kopp jelde.
Se jenge en en Jeschäff, wo'e Nu'ete en de Fenster stonge.
„Tag tesame! Wir möite jäer Beethove ku'epe."

Dä Mann eiter die Thi'ek se'it: „Ganz recht, für Orchester oder Klavier?"

„Näe, vör de Mantelo'ewe, vör enne Künstler", se'it dän Anstötz.

„Eine bestimmte Komposition? Als Partitur?"

„Kenn janze F i g u r, blu'eß enne Kopp", se'it die ahl Kox, — „Dott os ens jett wiese!"

„Vielleicht die Leonoren-Ouvertüre?" frogde dä Ladeschwengel. Vörsechtig frogde dän Anstötz: „Ut Jips oder Bronce?"

„Nein, aus „Fidelio", wor die Antwort.

„Jott mech weg", se'it dän Anstötz. „Ühr Ladenhüter könnt ihr halde. Lott öch et Liehrjeld wier jäewe. Wir passe." On se trocken avv.

Op de stro'et frogde se enne Polleze'i, dä möt sin witte Händsches de Autos an't vörbe'i an't lo'ete wor.

„Und ob Sie so freundlich wären, und könnten uns wiesen, wo man vielleits einen Beethoven jellen kann?"

„Wen? Beethoven? — Von welcher Partei? — Wer ist denn das?", se'it dä Pollezei.

„Sett ihr van he'i?" frogden dän Anstötz.

„Nein, von Bezirk vier", se'it dä Pollezei.

„Kleck-kleck dou böß!" se'it Anstötz. „Loß jo'ehn! Dat f ä n g t." Wat nou?

En Stro'et wei'er wor en Kunstjeschäff. „Antiquitäten" stong üewer die Dür. Sie jengen erenn on stonge dann tösche ahl Kommu'ede, ti'enerne Kännsches on Hellijefijure o'ehne Häng.

En Mädsche ko'em. „Häbbt ihr och Beethove, vör optestelle?" frogde Anstötz on wi'es op enne Buddha.

„Ach so eine Skulptur. Muß es denn gerade Beethoven sein? Der ist doch schon lange tot," seit die Dier.

„Ös d a t wohr?" seit Anstötz.

„Natürlich! — Wie wär's mit einer Holzplastik aus der Ming-Dinastie? Vierzehntes Jahrhundert. Hier dieser Buddha."

„Hätt dä och jett möt Musik te du'en?"

„Ohne Zweifel!"

„Woröm hät dä dann säes Ärme?" minnde Anstötz.

„Zum Klavierspielen!"

Dat löide dän Anstötz enn, jeng ävver op si'eker on frogde: „Wat vön Stöcker hät dä jemäckt?"

„Warten Sie mal, — kennen Sie „Madame Butterfly?"

„Wat koes die et Ponk?" frogde die Kox. „Es dat och Süßrahm?"

„Brengt os ne'it drut! — seit dä Anstötz. „Hürt ens Fräulein, däm Bleck van dä Buddha jefällt mech ne'it. M i n n Dinastie stell ech mech angersch vür. On dat nennt sech Quantitätenjeschäff!? Adschüß!"

Hä woll de Ji'es draanjäewe, mar die Kox no'ehm öm noch möt no
de Tauschzentrale: Wat wor dat?? —
„Jewonne!" re'ip Anstötz. „Do'e sti'eht er enne."
„Wat kostet der Kopp da in dem Schaap?" frogden hä.
„Tut mir leid, leider kein Verkauf, als Tausch wird eine C-Trompe-
te gewünscht" wor die Antwort.
Do'e schlug öm de Plack drenn. Wat nou? — — Do'e ko'em öm en
Idee.
„Wir ku'eme wier," seit hä, — „kommt Frau Kox, no'e de Zeitung."
Twi'e Dag laater ku'eß mer en et „Westdeutsche Seidenstadt-
Echo" läese:
    „Biete Zuchtkaninchen
    (Blaue Wiener), suche
    C-Trompete. Angebote
    unter „Adagio" 4711, Kleigatz Nr. 12."
On dat klappde. — Wahl wor hä selwer ne'it tu Huus, mar die Kox
wueß Beschi'ed.
Do'e ko'em er enne möt son Tröet onger dän Äerm on stellde sech
vür: „Guten Tag! Mein Name ist Sauerkraut."
„Tag Herr K r a u s e", seit die Kox.
„Nein, Sie haben mich falsch verstanden, mein Name ist „Sauer-
kraut."
„Ah' su'e! Tag Herr H a u s e r!"
„Ich bitt Sie. Mein Name ist Sauerkraut! Passen Sie mal genau auf,
— S a u e r k r a u t!"
„Ha — ha ha, — wedder wat ech nou verstangen häbb? — —
S a u e r k r a u t!" — —! —! Ävver ös ejal! Kommt he'i möt die
Tröet. Die Kanin stont onge en en Kiske."
On su'e trock dann dän Anstötz dän angerten Dag möt die Tröet
no'e die Tauschzentrale on hollde sech däm Beethove. — —
Wie dä nou dä Kemmerlings dä Broncekopp breit, on an däm sinne
Fierdag en Schnäpske enjeschött kräeg, — do'e mu'eß dä sech ens
sätte. — — —
Dä Kopp hat dä Kemmerlings s e l w e r no de Tauschzentrale
jebreit, öm an en nöie Tröet tu ku'eme.
On dobe'i wor dat ne'it Beethove, mar — — — Vater J a h n! Dä
Anstötz wäesselde de Färv on so'ech Stäere.
Hä seit: „Dat kömmt dovan, dat die Kox mech dä Klavierspi'eler
möt die säes Ärme li'edjekallt hät, nemmt os dat neet kromm,
Kemmerlings, — Ihr könnt jetz wennstens t r ö e t e."
„Wat?" seit die Kox. „Wor dä Kopp ne'it enjeschlage, watt kallt ihr
dann van G o e t h e?"
„Ne'it wi'ejer sägge", seit dä Anstötz, „dä kömmt och noch jratu-
liere." — — — —

Theaterverein „Apollo"

Krölls Heini sinne Vatter wor Vorstandsmitglied en dä Theater-
verein „Apollo".
Dä hat jeddes Johr dreimo'el Stiftungsfest on dann word Theater
jespellt. Nou wor all wier en Stiftungsfest utjebro'eke, on et word
„Wilhelm Tell" jejo'ewe.
Dä Krölls hat vier Rolle en dat Stöck. Hä wor die Bertha van
Bruneck, dä Chor der barmherzigen Brüder, dat Jewitter on mu'eß
dä Vorhang op-on-tutrecke. Dän Ho'et op die Bu'ehnestang on dän
Appel mu'eß hä och be'ide Bahn brenge.
Dän Dag ko'em. — Die Sonn schi'en wie sös on ni'emes ku'eß
vörutsi'ehn, da en Katatrof vör de Dür stong.
Dä Schweizer Bure le'ite sech möt Äesels dä Rütli eropri'ehe, wäejes
dat denne op die letzte Tour no'e dä Drachefels su'e jo'et jefalle hat.
Jrad wor dat Klübke op dä Rütli an't Revolution an' maake, do'e
fi'el dä Krölls an dä Vorhang enn, dat hä dä Appel verjäete hat. Hä
seit vör enne Jong, dä möt en Karbidlanteer on ru'et aanjestri'eke
Zellophan die Morjenröte maake mu'eß: „He'i, — ho'el ens jau
enne dicken Appel, — äwer flöck, ech treck all tu, wenn die Morjen-
röte ku'eme mott."
Dä Jong jeng. — Die Lüh op dä Rütli beno'ehme sech wie en
weldjeworde Kaffekränzke. Alles kallden duri'en, wäejes dat twi'e
ut Verjäet dä „Wallenstein" utwendig jeliert hade. Se worde on
worde sech ne'it klo'er üewer dat, wat ku'eme mu'eß.
Dröm ku'eß mer van Jlöck sägge, dat op i'enmo'el dä Stauffacher
bo'ewen ut de Kulisse enne Zollsteck op de Kopp fi'el.
Wäejes dat dä eiterno'e och noch dä „Geßler" spi'ele mu'eß, re'ip dä
en sinn Verbasterigki'et: „Das war des Tells Geschoß!" on — fi'el
öm. Su'e wo'er mer möt i'enmol en dä vierden Akt, o'ehne dat et
Publikum dat opfi'el.
Dä Krölls ku'eß och direk sinn Roll als „Chor der barmherzigen
Brüder" anbrenge on song de Pilgerchor ut dän „Thannhäuser", —
wäejes dat em jrad nix angersch enfi'el.
Do'e kömmt dä Jong on wenkt dä Krölls ut et „Jebirje".
Mar dat ku'eß dä sech spare, wäejes dat die Appelsche'itere'i utjefal-
le wo'er, — on be'i all däm hat dä plaatz enne Appel — twi'e Banane
mötjebreit, wäejes dat de Äppel op wo'ere.
En dän Diskursch möt dä Jong, verjo'et dä Krölls dä Vorhang
tutetrecke on die Liek protestierde.
Näewenbe'i tro'et Walter Fürst dän du'ede Geßler op de Hank.
Dä seit: „Verdammt noch mo'el!" on probierde enne Trett no'em
däm sinne Boxemboom.

Do'e merkde dä Krölls, dat se ömmer noch an't Theater an't spi'ele
wore on trock langsam die Kord van dä Vorhang — — en twi'e
Stöcker. Voll Jeistesjejenwart drehde hä jau et Le'it ut on dä Rütli
word en dän Tiet läeg.
Blu'es dä Melchtaler ko'em en die Donkelhi'et van de Wäeg av on
fi'el dur en Luuk en dä Frisier- on Schminkkeller.
Dä Haarkünstler, dä do'e jrad die letzte Vollbärt an't utriffele wor,
kräej dä utjewaaße Rütlibur en et Krütz on me'ik en paar Trocken-
schwimmübunge en die „ägyptische Finsternis".
Op alle Fäll, die Bühn wor läeg.
Krölls knepsde et Le'it wier an. Allemo'ele re'ipe sei: „Ahh!",
klatschden en de Häng on döiden sech dur de Notausgang en de
fresche Loff. Dä „Geßler" es ut dä Verein utjeträene on hät anger-
tendags däm Krölls de Hypothek gekündigt.

Dä Schuster

Die ronge Kugel an die Lamp, —
Dä Schuster sett on kloppt,
Dä blaue Schlomm es janz voll Sto'ev
On sästehn mo'el jestoppt.

Et stonnt die Li'este Reih op Reih,
Et rückt no'e Päek on Läer,
On wat ne reite Schuster es,
Dä prümmt och mirschdens jäer.

Däm pierde ennen ho'ehlen Tank,
Van morjes früsch bis laat,
Dröm stong och enne Pott Salbei
Do'e op die O'ewesplaat.

Möt e'in Kiehr hä dän Hamel schmitt,
Dä Spannreem flog, die Schuhn, —
Dä Tank, dat O'es, dä mot erut,
Do'e es nix draan te du'en.

Hä li'ep dröm jau no'e Dokter Ix,
On dä nömmt sech en Tang;
„Nun, Meister, — hübsch den Mund mal auf, —
Ist gut so, — ein Momang." — —

Die Tang ji'eht tu, dän Dokter treckt,
On ruck on zuck on simm, — —
„Wir haben ihn!" röppt Dokter Ix, —
Dä Schuster laacht: „Minn Prümm!" —

Dä joldene Anker

Wie dä Skatklub „Schöppen Bur" dä letzte „Grang möt Vier" eiter sech hat, bli'ew dän Düesch noch em bettsche tesame on Schmetz Justav seit vör sin Jäejenüewer:

„Jull, — dou küeß mech enne Jefalle du'en. Sonndag en aach Dag fiert minne Schwoger, dä Melkshändler Dickerboom, van et Jrönlank, sinn selwere Hochtiet. Häß dou kinne Bekännde, möt däm dou an dän Dag als Ehrenabordnung van de Marine däm besöcke kömms? Dä hät be'i de Marine en Kiel jedennt. Ihr brengt dann en Kiske Zijare möt, wat ihr möt en ru'et Bändsche an enne Anker faßbengt. Et bruckt kinne richtije Anker te si'en, — dat üewerlot ech dech. Ömesüeß bruckt ihr dat net te du'en, die Rechnung kannste mech erennschecke, ech well et mech jett ko'este lo'ete."

Van de Sands Jull, dä als Schaffner op de Lektrisch wor, mu'eß sech dat ens üewerlegge, ov hä an dän Dag och fre'i wor. Ävver dat klappde, blu'eß dä Kumpan fenge, dä dat mötme'ik.

Twi'e Dag laater le'it hä Schmetz Justav Beschi'ed tuku'eme, hä küeß op öm tälle.

Dat Kiske Zijare wor jau jejolde, blu'eß die Saak möt dän Anker, —die me'ik öm noch Kopping. Wie sech Schmetz Justav dat blu'eß deit, ennen Anker „Ort Rix" möttebrenge. Dat dä an enne höltere, broncierte Anker jedeit hat, — dat ko'em öm ne'it en de Senn. — —

An dä Sonndagmorje, kört bevör et Jrönnt en de Zupp ko'em, he'il enne Li'ewerwagel be'i Dickerboom vör de Husdür, on twi'e Matru'ese bürden enne jold broncierte Anker — — „Ort Rix" van de Wagel. Jau woren die de Dür erenn on nou mu'eß Neptun helpe. Die Twi'e hade sech dä Kall üewerleit.

Schmetz Justav, däm enne Batzeschläejer öm die jestrippde Box eröm schwenkte, däm schlug et Jesi'ech no eite, wie dä die twi'e Flünnertzdyk-Matru'ese möt dän „Anker" so'ech. Äwer öm dat denne klor te make, wat vönne Anker hä jemennt hat, do'e wor nou kennen Tiet. Dat jeng däm fies an de Jrüemels.

Ut die Stu'ev ko'em en Jeprummels on en Jelaach, — die wore fies an't Fiere. Van der Sands Jull on sinne Kamerod Wellmanns Jöng, denne jeng et Kribbele bös en de letzte Hoorspirkes van dä Spetzbart, dä se sech vör en halwe Stond möt vüel Liem on enne Pöngel Jedold en et Jesi'ech hade kläewe lo'ete.

Nou stonge se en de Stu'ev.

„Ahoi" — seiten die twi'e, stonge stramm on leiten die Hank an die Kapp, möt die lange schwatte Bengels draan. Et word stell on allemo'ele ki'eke se op.

„Als Abordnung der Stadt Kiel, der ehemaligen Garnison des Silberbräutigams, überbringen wir hiermit ihm und seiner Frau die besten Wünsche und ein kräftiges „Ahoi!" Dann word sech erömjedrett on dän Anker möt dat Kiske Zijare draan, die Stu'ev erenn jerollt.

„Ja, — näe!" — seit dän Dickerboom, — „Wäe denkt dann v a n d a g noch an mech? Dat es ja all dörtig Johr her, dat ech van et Schepp bön."

Die Twi'e seiten ävver: „Wir send van de Kommandantur jescheckt, on he'i op dat Breffke, do sti'eht de Adreß."

„Sett öch be'i, Jonges!" seit dän Dickerboom, on de'i, als of sinn selwere Hochtiet, däm Melkshandel on et Jröinlank öm nix aanjeng. „Jott sei merci!" — deiten die Schaffner-Matru'ese, — „dä Wagel heie wir dur de Kreuzung, wenn os sös nix tösche ose Fahrplan kömmt, könne wir van Jlöck sägge."

On dann fong et Vertällen aan, van Reeling on Heck, Achtersteven on Fallreep. Dickerboom wor op ens wier op Si'e. Wie hä en Lissabon selwer Appelsiene jeplout hat, on en de Pazifik en enne Taifun utjeko'eme wor.

Die Twi'e haden et Ku'ehle bald so jot erut, wie hä selwer. Mar wie dä selwere Bräutigam dovan aanfeng, wie hä en Hamburg, en dä „jröine Delphin" ens schlonswies möt enne Heizer van de Südamerika-Linie ani'enjeko'eme war, do seit Jull, hä hei verjangene Wäek noch enne Schaffner van de Küeningsho'ef-Linie dä Jrosche jewässelt, wäejes dat dä däm enne Anhänger hei sto'enlo'ete. Sinne Kumpan tro'et öm onger dän Düesch op Föit on du merkden hä wier, dat se van et Schepp, on ne'it van de Lektrisch draan wore.

En bettsche laater fong Jöng dojäeje van de Strom aan, dä de Lektrisch van et RWE kräej, en dän U'egembleck, als dän Dickerboom de Golfstrom töschen hat.

Üewerhaups, en die blaue Uniform wore se te Hus, blu'eß die necke Broß, die wor jett onjewennt.

So fierde se on vertällde se mötüewer on Schmetz Justav laachde sech en et Füßke, dat dat Denk so fluppde.

En dän Tiet jeng et Meddagsäete on et Kaffedrenke vörbe'i on dän „Anker" word aanjestäeke. Allemo'ele fonge se dat Jeschenk so sennig, on et ko'em en Stimmung op, die möt dä „blonde Matrose im Golf von Biskaya" aanfeng, on möt „enne Seemann, den man nicht erschüttern kann", noch lang ne'it an't Eng wor.

Et letz le'it Dickerboom sinnen tätowierden Arm kieke, — ävver da wor hä all an't stamele on die twi'e elektrische Matru'ese so'egen die jerengelte Schlang op dän Ärm och all dubbel.

Jedder, dä jett aanbrenge woll, dä fong aan möt: „Ahoi!"

Do word et Tiet, dat die Twi'e op Hus aan ko'eme. Schmetz Justav me'ik dat die angere klor on seit, die twi'e Matru'ese müeße dä Zog no'e Kiel noch krieje, offwahl die selwer nix dovan wu'eße.

Die Schleife van de Kapp hade se dur et Jesi'ech hange, als se möt „Volldampf voraus" le'ipe, dat se de letzte Lektrisch no Hus kräeje.

„Zweimal Bakbord Zwischendeck!", — seit Jull vör die Schaffnerin, wie die frogde: „Wie weit bitte?"

„Dou kanns be'i os op de Schepp ku'eme, wir fahre morje no'e Honolulu", stamelde Jöng.

Dat Mädsche frogde dä Fahrer, wat se möt die Twi'e aanfange soll.

„Och —" seit dä, — „die modden si'eker no den Hafe, — kiek mar, dat die an dän Oßwall en de reite Wagel ku'eme!" On so fuhren die Twi'e als enzigste Fahrjäes üewer Lenn no de Rheinhafen.

Die Partie'e woren denne duri'en jeko'eme, on se vertällde van Prumetat, Rio de Janeiro, Wacholder, Fünfmaster, Bröttsches möt Ki'es, Kombüse on Singapur-Indianer.

Jull seit: „Ja, — Jöng, — dä Dickerboom, dat wor enne Aanjäewer. Wie se möt de „Barbarossa" en't Manöver wore, do'e heie se si'ewentehn Knoten en de Stond jemäckt, vör de Wett, — — en dän Tiet maak ech twi'ehongert Knü'ep." — —

„Endstation!" re'ip die Schaffnerin.

„Send wir all en Kiel?" frogde Jöng, noch op et Trettbrett.

„Näe", seit die Schaffnerin, — „do möt ihr warde bös de Pont fährt!" — on klempde avv.

Dä Mo'en schi'en en et Water.

„Wüesse wir mar, van wat vön Schepp wir send?" — seit Jull.

„Kiek ens, wat ech op de Kapp sto'ehn häbb."

Jöng fong aan te läese: „S — O — S Bremen" — —

„O, — jömmich", re'ip Jull, „dat kenn ech, — dat mot mer ro'epe, wenn mer an't versupe es. Dann es os Schepp ongerjejange."

Van et Water ko'em en köihl Löffke, on die Twi'e ko'eme wier höerschkes be'i Verstank. —

„Sägg, — seit wann send wir i'ejentlich Matru'ese? Ech häbb och als Billets verkout", seit Jull.

„Ech jlüev, ech och, — dou Jull, — dän Dickerboom, dä hät os möt sinne Marinevertäll duri'en jebreit, — wir send jarne'it van et Water, — wir send van de Lektrisch!" — —

Die Twi'e wore möt i'ene Schlag nöiter.

„Wie ku'eme wir jetzt no de Flünnertzdyk?"

„Ech wi'et et", seit Jöng, — „wir jont de Schi'ene no'e, — jedder kritt er e'in. Wir send doch van de Lektrisch!"

jeseit! — Jedo'en! — —

„Fäddig!" — re'ip Jull.

„Bemelbemm!" markierde Jöng.

„Abfahren!"

Sch —sch — sch — schluffden die Twi'e dur dat stelle Lenn.

„Paß op de Weich op!" re'ip noch Jull, — „sös send wir op ens en Feschele."

Op dän Oßwall häbbe sech die twi'e „Lektrische" ens op enne Dörpel jesatte vör te räeste.

Dann jeng et wi'er. — —

Henger de Jermania, op de Nordwall, hat Jöng die e'in Lektrisch op ens verlo'ere, on mu'eß trücksätte. Jull wor all et fiffde Mo'el öm de Friedrichsplatz erömjesöckt on wor fru'eh, wie hä jlöcklich ut die Kreuzung erut wor.

Müsch wie ennen Honk ko'emen dann die Twi'e jlöcklich et morjes te Hus aan, on drömden van Haifesch, Chinese on joldene Rettungsreng.

Wenn die Twi'e nou ongerwäejes möt ühre Wagel ani'en vörbe'i-fahre, säggen die sech dän Dagestiet möt: „A h o i !"

Dä Jummibu'em

Geldermanns Otto wor 25 Johr Stöckfärwer be'i Pullmanns & Co.
Nou hat hä sinne Festdag als Arbeits-Jubilar.
Hä so'et an dän Düesch on wongerte sech üewer all die nette Saakes,
die hä van alle Kante jekräeje hat.
Enne jru'ete Körv möt en Kapettwursch, Druwe, en Päckske Ol-
denkott on en Fläschke Dujardin stong vör öm. En halv Ponk Karte
on Bre'ife möt en selwere „25" drop, log donäewe.
Hä hat däm bäesten blauen Anzog aan on enne witte stiewe Krag
öm. Öm de Meddestiet ko'em och Tante Lisa. Die hat twi'e i'eje
Hüser on jeng als Ervtant dur. Se breit enne Jummibu'em möt.
„Ja, — näe!" seit Otto. Enne Jummibu'em häb ech mech all ömmer
jewönsch —", ofwahl dat jelore wor, on li'ewer en paar anständije
Helpe jehat hei.
„Ech deit", seit Tante Lisa, — „breng em mar jett möt, wo hä Well
van hätt. An Jummi es ne'it draan te ku'eme. Strompbengele jöfft es
all lang kenn miehr, on Zogsti'ewele kennt mer blu'eß noch van't
Hüeresägge. Enne Jummibu'em es wertbeständig, wie en Hypo-
thek. Otto seit en paar Mo'el „Merci!" on bekömmerte sech dröm,
dat die Tant jett vürjesatte kräej. — —
Och sonnen Dag ji'eht ens vörüewer, on dann stong hä wier an
sinnem Back on mürde en en türkischru'ede Klüer.
Wie en Wäek öm wor, fonge drei Bläer van dä Jummibu'em aan jäel
tu werde.
Wo Otto mar möt tesame ko'em, däm de'i hä fro'ege, wat mer
dojäeje du'en küeß. — —
Aach Meddele woren öm all jeseit worde: Ammoniak möt Knied,
jeri'ewe Fläschestöpp, jekockde Jummibrocke, Essig möt Aspirin
on noch miehr, ävver et wor alles verjäewes.
Hä drug dä Pott et o'ewes op de Söller on et morjes en de Jaart. Dä
Jummibu'em soch ut wie Mimmkätzkes en de November.
Enne Reisender woll öm en Höhesonn verku'epe, vör te bestrahle,
lennde sech ävver et letz be'i sinne Koopmann en Bock van et
Lexikon: „Von Geometer bis Jura."
Örjes mu'eß Ro'et herku'eme. En twi'e Wäeke hat sinn Frau Na-
mesdag, dann wor die Tant wier fällig.
En dat Lexikon stong: „Gummibaum, lateinisch: Eucalyptus, ficus
elastica. Heimat: Ostafrika und Ostindien. Rinde enthält harzähn-
lichen Stoff, der auch in der Kautschuk-Industrie verwandt wird."
Nou wor hä enne Schrett wi'er. Bergmanns Rull wor als Matru'es en
de Kolonie jewäes. Däm mu'eß hä fro'ege.

Mar be'i däm wor hä jau an't Eng. Dä wu'eß blu'eß, dat do'e de
Mensche Schwatt wore, on dat et neits de Moskitos pitschte. Dä
Namesdag ko'em nöder on nöder. Drei Bläer soete mar noch an dä
Steck on die wore och all möt Ni'ehjare jesti'epe. Wenn dat die
Tant soch, me'ik die en nöi Testament.
Wenn hä dä Pott ens bespräeke le'it. — —
Do word öm jeseit, dat en Bockum en Arena stong, die enne
ko'ehlschwatte Neger möt en dressiert Zebra hei. Dä müeß doch
sinne Jummibu'em wier en de Flüer helpe.
Dän Dag drop trock Geldermanns Otto möt sinne Jummibu'em no
Bambo-Bulli. Van dän Direktor word hä jewahr, dat dä Neger onger
enne Jummibu'em op de Welt jeko'eme wör on alles küeß.
Wenn hä ennen Daler riskierde, on en drei Dag wier köem, wör dä
Onjlöckspott wier an't utschlage.
Vor Freud üewer dän Utböngel no'ehm hä noch en Abonemang
Sperrsitz vör drei Vorstellunge.
Wie Geldermanns Otto dän twedden Dag no die Gala-Vorstellung
krosde, wor blu'eß noch enne Reng van Säegemäehl do'e, woe'e dat
Zebra jelu'epe wor. Die Arena hat sech möt sinne Jummibu'em
Haas jemäckt.
Van die Blage, die en dat Säegemäehl an't spi'ele wore, word hä
jewahr, dat Bambo-Bulli en de letzte Kengervorstellung Söitholt an
die Kenger verkout hat.
„O, jömmich", — deit Otto, — „minne Jummibu'em!" On morje
kömmt die Tant." — —
Do'e ko'em öm enne Enfall: Enne n ö i e Jummibu'em! En de
irschbäeste Järtnere'i kräeg hä vör twi'e Mark enne Pott möt drei
Bläer miehr draan, wie dä van die Tant.
Tante Lisa woll et Sonndes van em wi'ete, wie hä en d ä n körten
Tiet d a t ferdig jebreit hei; se hei kenn Jlöck möt Jummiböem.
Se no'ehm dä Pott be'i et Nohusjo'ehn wier möt on scheckde dä
nächsten Dag vier uutjeriffelde, durjescho'ete Stecker möt fief jäele
on drei brune Bläer draan möt en Breffke:
„Lieber Otto!
Anbei vier Jummibäum.
Züchtige bitte neue Blätter dran.
Tante Lisa."

Wat möt „te" aanfängt

Mer bruckt ne'it Philosoph te si'ehn,
Blu'eß Liehrjeld mot mer jäewe,
Dat alles, wat möt „te" aanfängt,
Nix wert es en et Läewe.

Mer wor te kli'en för laat no'e Bett,
Te jru'et, för Dumm te lutsche,
Te schad wor och däm Boxembo'em,
Öm drop eröm te rutsche.

Dat Scholljo'ehn, dat ko'em völl te früsch,
Dat dürde völl te lang,
On mu'eß mer o'ewes op dän Ho'ef.
Wor dovür mer te bang.

On wie mer älder wor, do'e kräej
Mer fre'ie Tiet te wennig,
On kloppde mer sech op de Stro'et,
Wor'n angere te fennig.

Te kört wor dann däm Boxestuk,
Te jong, wor mer te schmocke
On te vernönftig, minnde man,
Te koupe sech noch Brocke.

On eiteno'e, dann wor te knapp
Dat Jeld, öm ronkteku'eme,
On völl te jizzig sech beno'ehm
Dä völl te rieke U'ehme.

Bös Millionär, dat wor te wiet,
Te schwor ku'eß mer dat werde,
On völl te flott ko'em i'enem vür
Dat Läewe he'i op Erde.

Te lang, te wiet, te kromm, te dönn — —
Bös mar ne'it ontefri'ene, —
En jidder Saak en't Läewe kann
Sech ängere on sech dri'ene.

Donn mar dinn Di'el, on lott mar si'en
Dat alltevüele Ho'epe,
Dann kömmste möt dech selws tereit,
Die Jlöckspoort sti'eht dech o'epe.

Die „schwatte Katz"

Mertens Max wor an't Theater. Sinn irschde Roll wor et „Pferdegetrappel" en de „Jungfrau von Orleans", dann hät hä et „Hohngelächter der Hölle" imitiert, et letz wor hä et „Wildschwein" en de „Freischütz", on nou — — — de Pudel in „Dr. Faust".
Hä kennde alle Zitate ut dat Stöck utwendig on föllde sech als Künstler. Hä drug en Mähne, wie dä Schimmel van de Rhenania-Brauerei on enne Schlappho'et.
Hä stong be'i sinne Frönd, Anton Zeller, vör de Dür on schellde, Anton me'ik öm o'epe, möt Ho'et on Mantel aan. Mertens Max seit: „Da steh ich nun ich armer Tor, — — —" „Kenn ech", seit Max, „und bin so klug als wie zuvor. Jäev dech kinn Möih, ech li'ehn dech kinne Boxeknu'ep miehr." „Drei Mark", seit Max, „morje kömmt de Jaßmann."
„On wenn et de Kaiser van China es", seit Anton, „Feierabend"."
— Off, wart ens, — dou kanns dech w a h l enne Daler verde'ine. Ech mot jrad erut, on et kann si'en, dat ech van Essen ut aanjerope werd. Dou setts dech be'i mech an't Telefon in schrivvs mech dat op. Wenn dat klappt, kriß dou van mech drei Mark."
„Donn ech", seit Max. „Nach dem Golde drängt, am Golde hängt doch alles."
„Flabes", — seit Zellers Anton, on — — fott wor hä.
„Wenn ihr's nicht fühlt, ihr werdet's nicht erjagen!" seit Max on so'et kört drop en dä Sessel, näewen et Telefon, vör öm dä jru'etem Böckerkaas.
Do'e stont och „Goethes gesammelte Werke". „Aha, denkt hä, do'e es och ,Dr. Faust', on treckt sech dat Bock erut. Wie dä jett jenauer kickt, sti'eht do dreiter en Fläsch, noch voll, mött Stopp on Staniol. Max kritt Ooge, wie en Kaarerad. „Feist Cabinet" sti'eht op dat Etikett. Kiek aan, denkt hä, wo die e'in es, küeßen er noch miehr si'en. Hä treckt „Kleist Gedichte" erut. Dodreiter sti'eht „Klüsserather 1958er". Wie dat möt die Buchstabe stemmt, — wie en et Lexikon. On et hält sech draan:
„Rainer Maria Rilke"« — — „Rüdesheimer Berg",
„Klopstock": —— „Kröver Kehrseite",
„Wiechert": — — „Wiemeleschnaps, Wachstum Oberbenrad".
En janze Musterkaart sti'eht vör öm. —
„Das also, ist des Pudels Kern!" sätt Max. „Siehe Faust, erster Akt, dritter Auftritt." —
En Jläske sti'eht och net wiet, on Max es eiter die flüssige Literatur her, wie Mephisto eiter Faust sin Si'el.

Die dredde Fläsch es bald ut, do'e rutscht hä van de Sessel on sett möt „Feist Cabinet" op de Erd. Hä kann noch effkes erutkrieje: „O tönet fort, ihr süßen Himmelslieder, die Träne quillt, die Erde hat mich wieder." — Dan fong die Stu'ev aan, Karussel te fahre.
Do'e schellt et Telefon. —
„Herein!" röppt Max, on well ut dat Karussel utsteije. Et schellt all wier. Max sinne Verstank sti'eht all längs Kniebeuge, mar et wörd öm höerschks klor, dat dat et Telefon es. En Kristallvas ji'eht noch üewer Stür, ihr dat hä dän Hörer an et Uhr hät.
„Halloh, hier Ürziger Würzgarten, wer do — do — dort?"
„Hier ist Dr. Heinrich — — —"
„Anjenehm, — mir graut vor dir. — Watt? — — Aus Essen? Hür ens, — das T r i n k e n lernt der Mensch zuerst, viel später dann das Essen. Wat häste op dinn Si'el?"
„Wäejes de Einbruch-Versicherung? — Häb ech mech jedeit, be'i dech häbbe se wahl enjebro'eke — — — ?"
„Wat? — — Wievüel Prozent? — Minnste dä Wiemeleschnaps? Achtunddreizig Prozent, — schmeckt ävver no de Stopp."
„Wiesu'e? Wat hett he'i Destillerie? — — Kommt jarnicht infrage, — ech häb blu'eß en de Wien-Bibliothek jeläese." — — —
„Hür ens, dou motts dat Flocke lo'ete, angersch sägg ech dän Düwel Beschi'ed, däm treff ech vanowend, dä kisch ech dech aan, dä hätt en paar Püet, do'e kann dä Elsaß-Lothringe an Frankreich möt ävträene."
— „Wat? — Watt hett he'i Quatschkopp? — — Dou Kohlepottindianer! Halloh?" — — Hä es wegg! — —" „Huhu! — —"
? — ! — ? —
Dr. Heinrich ut Essen es fott.
Max leggt dä Hörer en et Aquarium, dat die Steckerlingskes en Sechstagerenne aanfange, on fri'emelt sech en Zijar ut de Westetäesch.
Do'e süht dä enne Ventilator do'e stohn. Aha! denkt hä. — enne Zijareabschneider möt vier Metzer draan. Im Nu häbbe die Flüejele ut die Zijar en Päckske Feinschnitt jemäckt. Wie hä op de Uhr kickt, süht dä twi'e Zifferbläer op e'in Kiehr. O, jömmich, op jeddes send tehn Minütte vör drei, — dat send tesame twentig Minütte vör säes. — —
„Zwei Seelen wohnen ach in meiner Brust", sätt hä, on mäckt sech op de Wäeg no'e et Theater. —
Vürher steckt hä noch van benne enne Jrosche en et Schlüetelslook, kickt op de Barometer näewen de Dür on sät vör sech: „Dat es en Läewe, all wi'er drei Ponk avjeno'eme." —
Wie hä sech die Aktetäsch van de Sessel krit, leggt do'e en schwatte Mimm drop on schlöppt. —

„Aha!" denkt hä — — — „Zeller, schwarze Katz", — dou jehürs van reits wäeje en de Böckerkaas. — Komm he'i, dech näehm ech mech als Andenke möt, on stoppt sech die Mimm en de Aktetäsch. Möt flüete stalpt hä de Trapp eronger.

An de Haltestell wart dä op de Lektrisch. Wie die Linie 12 net kömmt, es dä twi'emol möt die 6 jefahre, on denkt, dat kömmt op i'en ut. No'e angerthalve Stond wor dä wier an dieselwe Stell. „Mäckt nix", sätt hä, — lott mar tefoot john. „Was du ererbt von deinen Vätern hast, benutze es, um damit zu gehen."

En et Theater wor die Vorstellung all op Halbzeit. Faust wor all fies Gretchen eiter de Kord.

Die Hex, die eiter de Jewölbekuliß op et Stichwort wart, sätt vör öm: „Mäxchen, hast du mir auch was mitgebracht?" „Si'eker dat! Dou Düwelsjru'eßmotter", on jövvt sech an die Aktetäsch an't fummele. — —

„He, — die kannste dech op de Scholder sätte, — — en schwatte Mimm."

Die Mimm wor all op Tempo hongertfiffzig, wie die Morgenluft wittert. Wie en Furi'e wor die ut dat Jefängnis erut, medden en die Bettjackevierdels-Frisur van die Hex, — ♣ — Wat nou ko'em, dat ston ne'it en de Partitur.

Die Hex löppt möt dä röesige Kater en de Kneck üewer die o'epe Bühn reits en de Kulisse, on flüscht dä Oberbeleuchter en et Krütz möt enne Kriet, als off die an en jlönije Stang Iser jeleckt hei.

Dä Schalttafeldiktator jrippt sech möt bettste Häng an die Hebelkes on Knöppkes, — —

Die Bühn wörd ru'et, — — krieschru'et, wie van Für, dotösche jöcke jäele on blaue Bletze, — — twi'e Vollmonde jonnt op ens op, on en paar Jeister ku'eme ut dän Hi'emel on schwäewe üewer dän Abgrund.

En et Publikum schreie se no de Notausgang, on ut de twedde Rang röppt ji'emes: „Sette bliewe! Dat es Surealismus!" Möt i'en Wort, — de Höll wor loß. — — Max jitscht möt enne Minimax der Hex die Mimm ut dat Krönsche. Die löppt en de Souffleurkaas on Max sprengt der no'e, — möt de Kopp et irsch. Die Souffleuse schreit: „Lassen sie mich leben! — Lassen sie mich leben!" „Kannste häbbe", sätt Max, on sengt möt de Kopp unter Tage: „Hoch soll sie leben, hoch soll sie leben — — —"

Wie dä Intendant ko'em, trocke twi'e Kulisseschieber Max an de Bi'en an't Rampele'it.

Nou stong hä vör Max. Et Brellejestell op de Naas es jlönig vör Opregung: „Sie Panoptikumsfigur! Wissen Sie was Sie sind — —?" „Klar", sätt Max, „en bettsche blau."

„Entlassen sind Sie!"

„Mäckt nix", laacht Max, „morje maak ech en Versicherunge."
„Schweigen Sie, — ich versichere Ihnen — — —,"
„Wie, — ihr o o c h? Wat hät öch dann an dat Stöck neet jefalle?"
Dä Intendant li'et öm sto'ehn.
„Wann kann ech min Papiere häbbe?"
„Sofort!" kritt dä als Antwort.
„Dann häb ech nix jeseit, — denn: was man schwarz auf weiß
besitzt, kann man getrost nach Hause tragen."
„Schweigen Sie, sie Deliriumsanwärter, ich werde ihnen schon rei-
nen Wein einschenken."
„Dou jefällst mech", sätt Max. „Nachbarin, euer Fläschchen, — ech
krie'er enne enjeschött — — —."
Die Mimm ävver so'et en de Bühnekeller eiter enne Nirostapullover
van de Lohengrin, — vör en Muslook, — on warde op en Sonderan-
gebot — — — —.

Janz alle'in   Janz alle'in bön ech en't Stövke,
                Näehm en Bock mech en de Hank,
                Piffke aan, — et löit dat Lämpke,
                Ni'emes stürt mech, — Jott sei Dank.

                On ech jäev mech an et läese,
                Wievüel Johr die Erd all sti'eht,
                Wie se word on wie se utso'ech
                Vör en halwe Ewigke'it.

                Jar kin Läewe, ne'it ens Wolke,
                Üewerall blu'eß Urgestein,
                Dann jett Waater, Farn on Schlecke,
                On och Dieres o'ehne Bein.

                Schlachtelhalme, Jura, Kreide,
                Noch kinn Blömmke, noch kinn Humm,
                Mammut, Dinosaurier, Pädde, —
                D a t wor et Diluvium.

                Gletscherwaater möt Moräne,
                Kooßembäere on Vulkan, —
                Wi'et Neandertal wor fäerdig, —
                Do'e ko'em och dä Mensch eraan.

Dusendmilliu'ene Johre,
Dürde dech wahl dän Termöll, —
On nou fahre Iserbahne
On dä Jlobus sti'eht ne'it stell.

Dreht sech möt die Welt voll Wonger,
Dank dän Hi'emel osen Häer. —
Dat ech n o u bön op dän Erdball
On ne'it en et Tertiär.

Kann nou dur et Brock spaziere,
Häb en Wo'ehnes on kinn Höehl,
On platz Mammuts stonnt nou Kälwer
Bute, eiter Weiepöehl.

Freu op Klo'es mech, on Zimärte,
On die Erd speut ne'it miehr Für,
On van wäejes Dinosaurier
Kömmt minn Mimmke dur de Dür.

Näe, dat wör dech doch kinn Läewe,
Wönsch d ä n Tiet mech ne'it miehr trück, —
Ävver i'en Di'el wor do'e bäeter, —:
Et jo'ev noch kinn P o l i t i k.

An de Barriere

Wie döcks es mech dat all passiert,
Jeng ech su'e dur die Stro'ete,
Wat hat ech ne'it noch alles vür,
Noch det on dat, do'e — möt en Kiehr
Wörd en Barrier eravjelo'ete.

Ech stong dann vör dä witte Po'ehl
On mu'eß dann warde liere.
Le'it höerschkes dann dä Zog vörbe'i
Möt Damp on Qualm, on ech stong he'i,
Minn Saak de'i däm ne'it stüere.

Do'e hölpt kinn Flocke, kinn Jedöns,
Kinn Ärjere on kinn Schenge.
Dä letzte Puffer mot vörbe'i,
Irsch, wenn die Schi'ene wier send fre'i,
Dann ängert sich dat Denge. — —

Kiek, — oser Läewe es en Stro'et,
Die jonnt wir, off wir fahre.
Ens sette wir ens en dä Zog,
Dann ji'eht et nos ne'it jau jenog,
On kiek ut dä Wage.

Dann send möt Fahre angere draan,
Wir stonnt vör die Barriere.
Och die jonnt wier ens en de Höch
On lotte langes, dech on mech,
Öm wie'er te kajäere.

Mag si'ehn, wä fährt kömmt flotter fort,
Dou kanns dech drop verlo'ete.
Mar alles regelt osen Häer
On lött wier opjo'ehn die Barrier,
Die hä eravjelo'ete.

Dat Horoskop

Mönks Mattes hat dän Luckas jehaue, sech vör die kromme Spiejele ennem Bretzel jelaacht, möt et Rengschmiete en nöi Täschemetz jewonne on ennem Bleck en et „Jenseits" jedo'en.

Vör sind letzte Jrosches no'ehm hä sech noch en Horoskop.

En en Kabäutzke, su'e jru'et wie ennen utjewaaße Bre'ifkaas, so'et enne Inder ut Höls, möt ennen Turban van en Stöck Bettlaake, wat vör säes Johr de letzte Kiehr jewäsche wor.

„Uann sein Sie geborren?" frogden hä Mattes.

„Oogembleck, — morjes öm halv fief."

„Derr Dattum bitte?" —

„Ahaa! — op Zent Welm, 28. Mai!"

„Gutt! — Also Zwilling."

„Nix Zwilling, — minn Motter hatt möt mech jenog."

„Ich meine S—ternbild, — hier — Horoskop! Viel Glück in Liebe."

„Kinn Onrouh!" seit Mattes. „Ech bön jetraut!"

Hä jo'ev sech an't läese: „Streber-Natur. Keinen Sinn für Humor. Kunstliebend und musikalisch."

„Stemmt", seit Mattes, „ech spi'el de Fump.

We'ier, — nou mot et ku'eme.

„Glück im Spiel. — Hüten Sie sich vor Verkehrsunfällen." —

„Redseligkeit bringt Gefahren. — Hang zur Verschwendung." —

„Rücksichtloser Sinn für Gerechtigkeit." — — —

Uut! — — —

Dat möt die Musik me'ik öm Jedanke, — do'e mu'eß hä sech eneit näehme, dat öm dat angere ne'it quer ko'em.

Als öm be'i et No'ehusfahre en et Vörderrad de Schlauch platzte, do'e stong et faß, — die Stäere hade Reit. Hä trock dat Breffke noch ens erut, — do'e stong et: „Hüten Sie sich vor Verkehrsunfällen." — Wat en Jlöck, dat ech wi'et, wat möt mech loß es, — van morjen aan bön ech wachsam. — —

Mattes fong aan sinn Läewe aan ömtukrempele.

„Kunstliebend" — stong en dat Horoskop. Hä ku'eß op de Fenger flüete, — — ävver dat wor jo'e kinn Kunst. Dröm jo'ev hä sech an't mo'ele. Hä joll sech drei Pinsele, en Liter Lienöl, en Blo'es jäelen Oker, Pariser Blau, Deckewitt on en halv Ponk Zinoberru'et. Op all sind Belder do'e wor en Feuersbrunst utjebro'eke off enne Sonnenuntergang. — Jedder Aanstriekerliehrjong, dä lachde dodrü'ewer. — Mar wie soll hä Jlöck en't Spi'el häbbe, wenn hä üewerhaups ne'it spellde. —

Hä lierde „Tuppe", — Säeßonsässig", — „17 on 4" on „Skat", joll sech en Lo'et en de Wohlfahrtslotterie on kräeg Interesse vör Elfmeter on Unentschieden en de Fußball-Toto.

No'e twi'e Wäeke hat hä be'i 17 on 4 all 5,80 Mark verspellt on Erkenschwick hat täeje Rot-Weiß Esse verlore.
„Jedold!" sätt hä vör sech, — alles kömmt langsam.
Jedde Wäek hat hä en Paar Schuhn be'i de Schuster vör de so'ehle, — et Radfahre hat hä draanjejäewe on wor och en kinn Lektrisch miehr erenntekrieje, — hä me'ik alles tefo'et av — von wäejes „Verkehrsunfälle". —
Redseligkeit bringt Gefahren! — Jong, — do'e müeß mer öm ne'it kenne, — hä ku'eß de Mull halde. — —
No'e drei Wäeke seite se „Dän Ührige!" vör öm. Nix me'ik öm miehr Spaß. On domöt hade die Stäere wier Reit: „Keinen Sinn für Humor!"
Angersch wor dat be'i sinne Frönd Tillmanns Toni. Dä song on dä flödde dä janzen Dag.
Wie die twi'e sech ens wier tro'efe, seit vör dä Mattes: „Hür ens, wat bös dou vör enne Isegrimm jeworde, dou häß wahl de falsche Papiere?"
„Häß Reit!" seit Mattes. „Dä verdöllde indische Schlangemensch möt sin Horoskop es et schold." On hä jo'ev sech an't vertälle. — —
Tillmanns Toni hürde sech dat aan.
„U'egembleck!" sät hä, ech häb mech och son Mikroskop, oder wie dat Deng hett, jejolde, he'i, — ech häb et noch en et Portemonnee."
— — Do'e stong jenau et selwe drop — — —.
„Moment!" seit Mattes. „Dou bös doch van Novemner on twi'e Johr jönger, — — dou, — — dä no'ejemäckde Elefantenbändiger hät mech vör et Läppke jehalde. — Waart ma, Männeke, — möt däm spi'el ech „Bäumchen, Bäumchen verwechsele dich!" Dä soll et Hölsche Brock vör ennen Urwald aankieke. —"
„Wo'e es i'ejentlich am Sonndag Kirmes?" frogden hä Tillmanns Toni.
„Zint Tüenes!" seit dä.
„Ji'este möt?"
„Jemaak!" — seit dä vör Mattes. — —
On se hade Jlöck. — Dä Breetlooks-Fakir stong möt sinn exotisch Schelderhüske näewen en Rollmopsbud on en Stöllkes-Kasell. Onger enne Kirmeswagel so'egen die twi'e en Dro'ehtsi'el legge.
„Waart mar", seit Mattes, — „dou solls möt i'en Di'el reit behalde, möt din Hokuspokuskop: — Rücksichtsloser Sinn für Gerechtigkeit. — — —"
Tillmanns Toni on Mönks Mattes bonge höerschkes dat Si'el öm dat Fundament van dat indische Jaardehüske. Töschen all die Lüh fi'el dat jarne'it op.

Det angere Eng, möt dän Ho'ek draan, word stikum an en Stang van
die Stöllkes-Kasell faßgemäckt, wie die jrad stell stong. Dän Örjel
wor an't „Heidewitzka" an't tute. — — —
Nou jeng et loß. — — —
Twi'e on en halv mo'el wor die Kasell ronk, — — dat Si'el word
stramm, — — on dä Kle'ierkaas ut Kalkutta jeng op Wanderschaff,
— — aach Mo'el ronk — öm die Stöllkes-Kasell. —
Möt dä Hölsche Maharadscha drenn.
Du merkde dä Kasellkäerl, dat jett ne'it stemmde. —
Die Horoskope floge bös be'i die „Dame ohne Unterleib" üewer de
janze Kirmesmaart.
Mattes jri'ep sech en Hankvoll. — Op jeddes stong: Hüten Sie sich
vor Verkehrsunfällen, — Glück im Spiel, — Rücksichtsloser Sinn
für Gerechtigkeit. —
„Loß jo'ehn!" seit Mattes. „Dat häbbe wir däm bewi'ese."
Op de Kirmes en Hohenbudberg, vertehn Dag laater, — stemmde
dä „Inder" als „Eisenkönig" iesere Drei-Zentner-Kugele ut — —
Pappdeckel. — —

91

Fierowend

Dat Owesklöckske hät jelütt,
Die Stro'ete werde stell,
Wie Jold blenkt ose Kirkenhahn,
Do'e eite ji'eht en Lämpke aan, —
Dän Owend ku'eme well.

Wir setten op dän Dörpel noch,
En Päerd ji'eht no de Stall,
Dä Liehrjong kehrt die Werkstell re'in,
Die Hubbelbank, möt sech alle'in
Hält enne wiese Kall.

Dä Küester mäckt die Kirk nou tu,
Dä Schlüetel krackt en't Schlo'et. —
Et mäckt dä Mo'en sech op de Wäeg
On van de Schwälwe es nou läeg
Dän Telejrafendro'eht.

En Kamerfenster sti'eht noch op,
Die Kenger jonnt no'e Bett;
Et Neitskli'ed aan bös op de Föit,
On be'i en Käerzestömpkesle'it
Hürt mer dat Neitsjebätt.

Dä Vatter mäckt en Piffke aan,
Ji'eht noch ens dur de Jaart,
En Mimm klömmt höerschkes op et Daak
On ut dä Weiher kömmt et: Quaaak!
Et irschde Stäerke laacht.

Nou hät en jeddes Deng sinn Rouh,
Die Mensche, Bu'esch on Feld,
On watt dech och dän Dag jebreit,
Dän Herjott mäckt all alles reit, — —
Fierowend hät de Welt. —

Dän alden Dag

Wenn mech dä scherpe Wenk di'et piere,
Fällt mech en Dröppke van de Naas,
Dann krie ech, möt dat jolde Ränkske,
En Kaffetaß mech ut de Kaas.
En Blo'es möt Fliere on Kamelle,
En Knüppke Zucker, vletts och twi'e,
On drenk mech an dat wärme Öffke
Vör minn Jesonkhi'et en Taß Ti'e.

Dann donn möt siewenzig ech schenge:
„Et klappt ne'it reit miehr möt et Jo'ehn",
On vör et Krütz mech enturiewe,
Häb ech Melissengeist do'e sto'ehn.
Kiek stellkes bönne dur die Rute,
Als Opa möt 'ne jriese Schnäuz,
Ech hür so schleit, dröm mot mer tute, —
„Ija, — et Leben is en Kreuz!"

Wenn ech minn Invalidekärtche
Häb brav minn Läewe lang jeklävvt,
Dann bussel stell ech en minn Järtsche,
Wo Dag vör Dag mer Onkrut tröfft.
Wenn mech minn allerletzte Jrüemels
En Währung wier kapottjemeit,
Dann mag et si'en, — ech denk van't Läewe,
On van de Mensche blu'eß noch schleit.

Mar, — brengst dou mech möt alde Stöckskes
En Böckske voll op oser Platt,
Donn ech däm Brell mech avv on legg öm
Janz höerschkes op et Sonndesblatt.
Dann kömmt en Trönsche en minn U'ege:
„Ijo'e! — Dou bös van minne Schlag."
Dann lott ech Kühme si'en on Knure
On feng wier schüen dän alden Dag.

Dat Ihr ne'it lang tu söcke bruckt:

Texte zur Schallplatte

„Die Lüh, die läewe medden onger os"

(Verlag Schuster, Leer — 1973)

Dä Rentner

„Mer es su'e alt, wie mer sech föllt", — hür ech öm sägge, wenn ech öm en de Wäeg luep.

Dat bettsche Krüzzping me'ik öm nix ut, och net, dat et hüre noelött. Fang öm van de Famillij aan, off van et Wäer.

Ihr dou drei Sätz möt däm jekallt häß, es hä bee s i n Thema utjekome: — de Jaart.

De Schlecke wöre öm an de Schlaat on et Obs küeß jett miehr Sonn verdrage.

Möt de dicke Bu'ehne hei hä Jlöck. Näewenaan, dä hei alles voll Mi'ele. Hä hei se hart jepott, on enne Fenger de'ip.

Hä hät bee de Jarde jedennt.

Besöck öm mans te Hus, dann wißt hä dech et Reservebeld, eiter Jlas, — jäel on verschoote van Alderdom.

En Potsdam heie se jestange on tehn Mont wör hä Bursche jewäß bee sinne Hauptmann.

Van däm hät hä noch en Zijaretäsch ut echt Läer on dou dörfs ens dodran ruke.

Vandag es die Täsch läeg.

Hä schmockt nou de Pief möt bellije Portorico drenn.

I'en Päckske de Wäek, miehr sett neet dran.

Off dou nix dovan jehürt hei's, — die Rente, die soll bald en de Hösch jo'ehn.

Ut de Täsch treckt hä en alt Notizböckske möt enne jemaserte Ömschlag dröm, van schwatt on jröin Jlanzpapier.

Do hät hä en Beld dren van et Ältst van sin Dauter. Do'e es hä be'i an de Du'ep.

Stolz kickt hä op dat We'it. — Die hät all enne Pottlapp janz alle'in jestreckt.

An sin Uhrkett bommelt en ahl Medaille möt de hellije Rock van Trier drop. Sin Uhr treckt hä noch möt enne Schlüetel op, — mar die ji'eht op de Minütt.

No'e de Minütt dellt hä sech och sinnen Dag en, on hä hät doch nou su'evüel Tiet.

Mar osen Herjott mag wi'ete, wievüel Dag hä öm noch lött.

Jeddes Ständsche di'et et ut, dat mer jett reites domöt anfängt.

Mer mot alles reit endi'ele, akrat wie die 170,- Mark Rente, — die hä sech jedde Mont op de Rentestell hollt.

Die Niersche

Se mäckt Schlipse für en jru'et Kantur.

De Jöngste ös se net miehr, mar se hält op sech.

He'i on do'e ervt se für en Appel on Ei en Stöffke, on ihr de Sonn twi'emol ongerjejange ös, prakesiert se für sech en Blüske off en Kledsche dodrut.

Wofür se sech staats mäckt, wett se selwer neet. Dat se noch i'ene mötkritt, dodraan ös wahl net miehr te denke, mar wä die Dier jekräeje hei, dä wör jout bedinnt jewäß. Alles an der ös akrat. Dat kömmt van dän Ärbet, dä se nou all all die Johre di'et, on die Häere häbbe se fies op de Fengere jeki'eke.

Dobe'i hät se ühr Läewe lang Freud jehatt an alles, wat schüen wor. Dat ko'em van die Müsterkes, die se töschendur onger de Fenger jekräeje hät. Be'i jeddes Dessäng hät se sech jett jedeit.

Hat se Blömkes on Pünkskes onger de Nold, dann soch se et Fröihjohr möt Posche en Pengste, möt Vüejelkes on witte Wölkskes. On an et Water on Schepper deit se, wenn se blaue Jronk möt witte Striepe tösche hat.

Be'i onjemustert Selwer on Schwatt on Jold, dobee hürde se de Vijeline spi'ele on dä Jesangverein senge, wo ühre Vatter fiefontwentig Johr lang no de Probe jejange wor. En paar Mo'el wor se mötjejange, wenn en Fäß wor jewäß, äwer, dat wor all Johre her, —nou wor se alle'in.

Se kömmt ronk, klävvt brav on fließig ühr Invalide, on i'ene Dag no dän angere löppt sech no'e, akrat wie die Noht, die se an die Dutzende van Schlipse mäckt.

Och min Schlips, die ech öm dän Hals häb, küeß van ühr si'en. Mar möt de Johre kräej se i'en jries Spierke näewen et anger, — on dä Spi'ejel ku'ehlt ne'it.

On wenn de Wenkter kömmt, mot se en paar schärpere Jläser en däm Brell häbbe.

Op de Stro'et ji'eht et noch ohne, on wä die Diehr süht, hält se für en Motter, die en paar Ströpp op de Scholl hät.

Die dat miene, kenne net die angerthalwe Kamer, wo se drenn lävvt on wirkt, möt die jesteckde Deck op dän Düesch, on die fresche Tülljardine.

On su'e lang se möt ühr tefri'ene send, be'i et Li'ewere, ös se et och möt sech selvs.

Des Wäeke hat se en Dessäng möt selwere Stäere op blaue Jronk, — schüen, wie enne Su'emerowend.

Höerschkes wörd et düster, se mäckt de Lamp aan, on fängt an te läese: de Jeschichte en et Kirkeblättsche — —.

Däm Breefdräejer

En Husnommer bruckt bee däm net drop tu stohn. Dä kennt der sinn, wie dän Doktor sin Patiente.

Eiter et Uhr, dat Stömpke Ble'ifäer, es all minnstens drei Johr alt.

En dat Aachfamillijehus hät hä dat Stömpke ömmer en de Häng. Die, en dä Flüejel krieje i'ene enjeschri'ewe Bre'if no den angere, van dän Hospes, dä en Solinge wonnt. Die häbbe ömmer jett an de Jäng. Wenn se net möt de Miete trück send, sto'eke se Stri'et, off die Blage mo'ele möt Blausteff op dä helle Lincrusta.

Be'i dat alde Mötterke, en et irschde Stock, brengt hä jedde Mont Jeld van ühre Jong, — dann mot die ongerschri'ewe.

Hä es noch onjetrout. — Bee die Hootmäekersche en et Vörderhus fängt hä ömmer enne kli'ene Vertäll aan.

Neet van et Wäer, — jott bewahre, — van sin Be'ie. Hä hätt drei Völker en sin Kääs, on enne Pries hät hä och all gekräeje, für däm bäesten Honnig.

Dat Mädsche hürt mar möt en halv Uhr op öm, — die hät kinne Bleck für däm.

Hä räekent sech all ömmer ställ ut, wann hä wier Zulage kritt. Möt die paar Jrüemels kann hä noch net an et Trou'e denke. Wenn hä sech su'e sinnen Ärbet üewerleggt, wörd et öm klor, dat die Mensche sech ärg wennig Freud maake en't Läewe.

Utjeräekent hä mot et si'en, dä all dat Quenkeliere ongeri'en dänne en't Hus brengt.

Als wenn hät net Beschi'ed wüeß, wenn hä als wier en Mahnung brengt, off en Nachnahme. On mot ha ennem Bre'if avjäewe, möt enne schwarte Rank dröm, sti'eht öm et Beileid en't Jesi'ech.

Kües hä och mar dä Commis helpe, dä all dreivierdel Johr an't stempele es, wenn dä däm enne Bre'if brengt, allwier möt en „Näe!" drenn.

On wat enne Schiedsmann, off en Finanzamt schrivvt, vleets noch en Jeschäff, wo'e mer op Puffe jälle kann, dat kann mer sech all denke.

Wat noch üewer blivvt, dat es en Kart ut Itali'e, van i'ene, dä do jrad en Fieri'e es, on dä, dä die Kart kritt, däm di'et et piere, dat et bee öm neet dran sett.

Vandag näehme se sech jo'e kinnen Tiet miehr, ens jett nettes zu schri'ewe, öm angere en Freud domöt tu maake.

Blu'eß dä alde Kamper, van däm hät hä en Zijar jekräeje, wie dä dur öm es jewahr jeworde, dat hä Opa es jeworde. Wie hä sech die Zijar en de Kapp jedohn hät, hät dä sin Stömpke Ble'ifäer verlore.

Twi'e Dag hät hä doröm jetrurt, mar nou hät hä en nöi Stömpke, ävver do'e mot hä sech et irsch dran jewi'ehne.

Dat Nönneke

Wie schwor es et, van ühr te sägge, wie alt se wahl es. Se küeß öm de verzig eröm si'en, — vleets es se och all kört an de sässig.
Die kritt de Mensche wier jesonk, dur die Art, wie se lache di'et.
Wenn die drei Wöert möt dech jekallt hät, dann lötts dou Choleradroppe für Himbeersaft durjohn, on wenn se dech medden en de Neit de Puls föllt, dann es et dech akrat, als wenn din Motter möt Selvskantschluffe aan, noch jau ens en de Kamer köem. Der ühre Dag hät ömmer en paar Stonde miehr, ols oseri'ene der sinne, möt räeste on wirke tusame.
Örjes ut die Eck öm Münster eröm, mot se jong jewäß si'en. Se hät jett van die Art, die do'e te Hus es, — mer hürt et an et kalle. Se bitt op de Täng, wenn se dech piere möt enne hi'ete Plack, off en spetze Nold, ävver ühr Hert es dobe'i wi'ek, wie Botter. Se es kin Quisel, se kann verstohn, dat et en de Welt all ens jett bonkt tuji'eht, mar ennem Mürder, dä sech de Scholder jebro'eke hat, hät se all no dän twedden Dg et Flocke avvjewennt.
Bedurt se mar jo neet, dat se ömmer möt dat dicke, schwatte Kli'ed on dä stiewe, witte Krage ühren Ärbet du'en mot. Se bewegt sech dodrenn, als hei se enne Taffertrock aan, on wörd für enne Walzer jeholt.
Ens hät se enne Patient en Vierdelstond lang tujehürt, wie dä van sin Duwe vertällt hät. Laater hät se sojar mötjekallt — on se kennde dovan och enne janzen Hu'ep. Wie dä wier op de Bi'en wor, do hät dä der en Diplom kieke lo'ete, wat hä für sin bäesde Breefduw jekräeje hat. En Stond wiet wor dä möt et Rad jeko'eme on hat de Wenk en't Jesi'ech.
Dodrüewer hät die sech miehr jefreut, als off se Oberin jeworde wör. Die, — die se onger de Häng jehatt hät, tösche Fieber on Ping, — die mödde all noch ens an dat Nönneke denke, töschen et Stalpe on Wirke do bute en de Welt. An dat Nönneke, — su'e flenk wie e'in Mädsche van twentig, — joot, wie en Motter van verzig, on, — wie jeseit, — ni'emes kann sägge off se neet doch all sässig es.

Dä Musjöh

Früher wonnde an die Fulkerkull, dat erschde Hüske reiter Hank, möt die jröine Blenge, dä Bäckersch Lud, de „Musjöh".
On dat wor su'e jeko'eme:
Hä wor enne Wirker be'i Gottschalk Floh, dat alde Siekantur.
Wie en et Johr 1804 Napoleon en Kriewel wor, ko'em dä sech och däm sin Kantur aankieke on jeng van Stouhl tu Stouhl.
Och be'i Bäckersch Lud bli'ewe se stohn, on wäejes dat dä jrad en extra feine Kett dropp hat, hat Napoleon det on dat te froge.
Et letz woll hä ens die Schetspoul si'ehn, wo Bäckersch Lud möt an't wirke wor. „Musjöh Weber", seit hä für öm. „voulez vous me donnez ce..." on wi'es op die Spoul.
Ose Lud wor janz drut, on wie hä dä Kaiser die Schetspoul jäewe woll, fi'el öm die ut de Hank op de Plänk.
„Pardon" seit Napoleon, on ihr dat Bäckersch Lud sech böcke ku'eß, hat dä Kaiser die all opjekräeje on beki'ek die sech van alle Sie'e.
Dat wor Bäckersch Lud en de Kopp jesti'eje on probierde van d ä n Tiet avv, bee sin Kalle sin fief französische Wöert an de Mann te brenge.
Dän Hushalt van däm Bäckersch ku'eß mer sech als en Muster vürstelle: die wittjeschurde Plänk ömmer pröpperkes, dä jeschli'epe Owe blenkde wie enne Spi'ejel. Eiter et Huus hat hä si'ewe Ru'e Jaart, en Dutzend Henne on en Kanari'evurelsheck.
Üewer sin Kommu'ed hat hä en sin Wohnes van dän Tiet av en Beld möt Napoleon drop hange on de'i och sinne Nam üewersätte, hä nümmde sech blu'eß noch: Louis Boulanger (Bäcker).
Dat Napoleon däm en Schettspoul opjekräeje hat, dat ku'eß noch lang ne'it jidderi'ene van sech sägge.
Mar möt sind französisch kalle wor hä ömmer jau an't Eng. Wenn hä „Wulle-wuh", „Pardon" on „Adjöh" jebruckt hat, wu'eß hä blu'eß noch wat enne „Coleur"-Färwer wor, dann wor sin Latin all.
En Johr off tehn, hät hä sech ennen Däu aanjedo'en. Mar als 1812 sinne Jong ut Rußland van de Beresina ne'it miehr wierjeko'eme es, do es hä janz stell jeworde on hät en Tied lang ne'it miehr jekallt. On wie hä wier onger de Mensche jing, du hedde hä wier wie früher: Ludwig Bäcker.
On üewer de Kommu'od wor van dän Tiet av en verscho'ete Stell, wo dat Beld jehange hat. On laater hät hä do'e jett Nöis opjehange, en Beld ut de Kalender van dän „Henklembott", de alde Kirk.

Wenkelswar!

Wat sonne reite Wenkel es, — dat kann mer net mole on net beschri'ewe. Dä kann mer sech wahl vürstelle, wenn mer de Ooge tumäckt on rückt tu jlickertiet an en Muskatnu'et, die näwe en Petroliumslamp jeläje hät. Denkt an Schmerseep, Malzbrocke on enjeleide Heringe. Dann fällt enem direkt dä janze angere Kro'em en, dä op, — üewer, on eiter de Thi'ek Platz hät, dä an Kördsches bommelde, op Schaaper stong on an de Wäng hong.

Do jo'ev et noch ken „Kühl-Vitrine", ken Zellophanblöskes on Registrierkasse, on doch word mer joot bedennt, kräeg vör en paar Jrosches en Täsch voll Wenkelswar on noch en Fuß „Daudröppkes" off en jeschmärt Beschütt dotu. Rein alles jo'ev et en sonne Wenkel te jälle. Vandag mot mer en fief Spezialjeschäfte john.

Min Jroßeldere hade och enne Wenkel, — all tu dän Tied, als dä Jroßvatter noch op et Tau so'et. Ech senn lenks an de Wank noch dat Petroliumsfaat stohn, wo möt enne Schwengel dä „Steenolig" en dat fettije Jlas jepompt word, öm dann dur dat Kränsche en dat Tötsche tu loope. On üwer de Dür dat jru'ete Scheld van „Hoffmanns Stärke" möt die witte Mimm drop, die sech de Schnäuz putzte. On donäwe wor dä Plank möt di isere Penne, wo die Lampejläser drop so'ete. En die jru'ete Holtbäck an de Wank, wo die jeschällde, jäele Erte, et jrove Salt, Mäehl, on witte Bu'ene drenn wore, log dä bläkere off höltere Schöpper möt dä Sti'el.

On dann all die Trecke en dat Schaap. Ech hab früher all die Emaillescheldsches ens utwendig jewoß: Zuppestärkes, Ries, Nudele, Paniermäehl, Kandis, Jört on harte Prume, — on noch en Dutzend miehr. Bowe, üewer de Thi'ek, do honge de jeröckde Kapettwürsch, et dicke on durwaße Speck on Kordes möt „Burger-Bretzele". En de Still van de Thi'ek, do wore Nägel jekloppt wo de Schunsreeme, Lampedochte, Hosebengele on Wichsbürschele dran honge. Onger de Fensterkaas log ennem Bärm Lohkuck on Bördsches Aanmakholt für dän O'ewe. Juttalin, Pottlu'et on Putzpomad „mit dem Globus" stonge en en extra Schäppke, möt die kliene Schöttsches voll Päeperköres, Krutnäejel, Kani'elstange on Ingwer. Däe Schweizerki'es möt die jru'ete Löeker log onger die Klock van Jlas on dat scherpe Bru'etmetz direkt donäwe. Mech hat et ömmer die Wo'eg aanjedon, möt die Jewe'itstein, die et Samstes möt Essig on Mostert jeputzt worde. Dä Fo'et van die Wo'eg hab ech laater, wie ech all möt Enk schriewe koß, ömmer selwer brongsiere dörfe. Eiteno'e krieg ech ut en Brockejlas enne Manna möt en Sprüchske drop off en Fahnestang ut Päepermönz. Hongert Saakes, die mer

üewerhaupt net soch, die bruckde mer blu'eß te froge: Hoornolde,
Zijett, Spelte, Krageknööp, on Namesdagskaarte möt Vergißmein-
nicht drop on Breffduwe, die sech en Küßke jowe. Och heet Kaffe-
water koß mer jelle on enjemäckde Kappes.
Dat ti'enerne Möttsche on die Bäkerkes stonge ömmer op de Jriep,
offwal mer du net su'e möt de Minütt en de Welt wor, wie vandag.
No Erdnüet, Banane on Oelsardine, och no Mayonais on Büchse-
melk hei mer öm dän Tiet ömesös jefrogt.
On wenn en Frau möt Wenkelswar wier op Hus aan trock, hat die et
sech joot üewerleit, wie die de Jrosche aanjeleit hat, on bowendren
wor se noch jewahr jeworde, wä am Sonndag op de Letsch wor on wä
jestorve wor.
Mar: dofür mot mer vandag en de Zeitung kieke. — — —

Dat lag en de Lout

En Stöckske töschen twi'e Kirktures

En Dohlepärke wonnde op dän Ture van die „alde Kerk". Töschen die Höres van dä Waterspeier möt die Düwelsfratze hade se ühr Ni'es. Die Äldere on die Jru'eß van dat Dohlefräuke on all die angere vürher hade och all ömmer op dän Ture jewonnt. Se kennde sech en ühr Wohnes ut, jenau wie en Siewäeverschfamillij, die all hongert Johre an i'en Stöck, do ongen en de Stadt wonnde. An de Schallöeker hade se ömmer Pinau jespellt, op de Krützblömkes ut Ste'in hade se et Schirpe jeliert on op die vier jelungene Postament-sches hade se „Bäumchen verwechsele dich" jedo'en.

Wie damals en dä jru'ete Krieg dat Daak van dän Ture on van die Kerk jebrennt hat, wor dat Dohlevolk für en Wäek off twi'e no'e de Stadtjaart en de Böem jetrocke, mar, wie dä jröttsten Termöll üewer wor, send se wier no die ahl Wohnes jefloge on häbbe wier aanjefange möt vüel Behelp en Löckske en die schwattjequalmde Ste'in tu fenge.

Wat se de Mensche vörut hade, dat wor, dat se kenne Bezugsschi'en bruckde für Bläek, off Drohtjlas, öm vör de Rute te nagele, wäejes dat se früher och all ohne dat utjeko'eme wore. Et jo'ev jo och du noch kin richtig Stadthus, jedder holp sech su'e jout, als et jeng. On et jeng och wier. Jeddes Johr loge Eikes en dat Ni'es, jeddes Johr ko'eme Bröierkes on Sösterkes, die et irsch mar blu'eß op die Jalerie eiter die Polönsterkes spi'ele dörfde, on et Owes jett van die ahl Dohlefrau vertällt kräeje, wie dat vör Johre ens su'e schüen jewäß wor, on wie sech die Stadt do onge ens janz angersch präsentiert hat.

Mar op ens, — os Dohlepärke wor jrad en et Fröijohr be'i dän Husputz, do ko'eme Mensche, die jett van Ste'in on Spieß kennde, ki'eke sech dän Ture aan on jo'ewe sech ant mäete on an't utklamü-sere.

I'enes Dags wor et be'i dat Dohlevölkske ronk: Os „alde Kerk" wörd nöijebout, et kömmt Onrouh en et Hus. On et wor och su'e. Möt Kare on Trecker word Dreck fortjefahre on Ste'in on Stange on Leddere jebreit. Jedden Dag jo'ev et jett Nöies. Mar an i'ene Med-dag, kört no'e Porschte, — die ahl Dohle hade sech jrad jett op et Uhr jeleit, — do jeng en Dawere dur dän Ture, — en Wolk van Sto'ev ko'em op, — et hummelde, on die Ste'in jo'eve sech an't schreie, on wie alles vörüewer wor, — — stong dä Ture mar noch op i'en Bi'en.

„Kenger bätt öch!„ seit en ahl Dohlejru'eß, „mech schwant jett Schlemmes". Dohle, die op en Kirk wohne, send ömmer en bettsche frommer, wie die die op en Wohnes be'i enne Raubritter utjeko'eme send, wie die van Cracau on Lenn. Vüejel halde och nix van en Horoskop, send ävver döcks klöcker wie de Mensche, die et möt de Stäere häbbe, on de Saturn de Schold jäewe, wenn se sech et Läewe selwer schwor maake. Dröm seit no'e en paar Dag dän älste van die Dohlevätterkes: „Et ji'eht sech mar noch öm Stonde, wir modde he'i fort, morje send wir ohne Wohnes. Dat i'ene Bi'en kann dän Ture ne'it miehr halde. Dat es de twedde Kiehr, dat os dat passiere mot. — Mar woher?"

Os Pärke ävver seit: „En Joddes Nam! Wir häbben os en dän letzten Tiet möt die Dohlefamillije op dän Dionysiusture jout verstange. Wenn wir och van die „Alde Kerk" send, su'etesägges van die angere Klür, jenau wie die Mensche he'i en die Stadt sech dröm och ne'it schi'ef aankieke, donnt die van Dionysius os wahl en paar Höttsches op ühre Ture wiese, wo wir ongerku'eme könne."

„Kallt ens möt dänne!" seit die ahl Dohlefrau, die ömmer die Stöckskes et owes vertällde.

Sch-sch-sch — — — woren die van dän Ture och all fort, marschdig op dä jröinen Helm van Dionysius aan.

Op en Stang van enne läeje Klockerahm häbbe se möt en paar vernönftige Dohlevätterkes jekallt. „Dat es doch mar klor", seiten die, „Nu'et breckt Ieser, — treckt mar jau en, wir maaken öch die Löeker all en dän Tiet parat."

Wie et en dän Ture van die „alde Kerk" all an te riesele feng, trock die jru'ete Famillije ut. Se me'ik noch en Ehrenrunde öm die Pilasterkes, Jalerieröskes on Düwelsjesi'echter, on dan jeng et möt en schwor Hert no dän Dionysiusture.

Et wor dän höchsten Tiet, — dän angeren Dag — öm de Meddag, jrad als die Sonn wie Jold an dän Hi'emel stong, wor et Eng do'e. Die Hüskes dröm eröm häbbe möt jedawert, mar de Mensche hät dä nix jedo'en.

En paar Dag häbbe die Dohle van die „alde Kerk" ne'it vüel jeziept, et wor dänne doch ärt no'ejejange. Mar du seit dän Öwerschte van die Dionysius-Dohle für dänne: „Sett mar stell, — wie wir die Kriewelsche kenne, lotten die et ne'it dobe'i. En en paar Johr sti'eht do'e jett Nöies. Su'e lang häbt ihr he'i frei wohne, on wat et Verdrage aanji'eht, — an o s soll et ne'it lägge."

„Dat soll en Wort si'en, — an o s och ne'it", seiten die Jäes van die „alde Kerk". Osen Häer minnt et ömmer jout, wenn mer och ne'it ömmer dreiter kömmt, — möt de Vüejel on — möt de Mensche."

Jo'e, — die Dohle häbbe reit, — deiten die Mensche och mar su'e.

On an et Eng en paar nöie Dessäng

Tehn Stöckskes on Jeschichte op os Platt

Lott mar ku'eme!

Vör Johre feng dä Ferlings Fretz,
Dä Henn on däm sin U'ehme,
En Lotteriejesellschaff aan,
Die hedde: „Lott mar ku'eme!"

Twi'e Achdel en de „Preußische",
Die de'ie die riskiere,
On worde klor sech all betits:
Mer mot och warde liehre.

Su'e op de allerirschde Schlag,
Do'e soll et wahl neet jlöcke,
Öm riek te werde, mot mer et
Möt jet Jedold versöcke.

En Freilo'et heie se bald jehaat,
Mar, wor dat Jlöck do'e fennig:
Die Nommer hat en „aach" tuvüel
On och en „säeß" te wennig. —

Se spi'ele nou all drüttehn Johr, —
Dä Fretz, dä Henn, dän U'ehme,
Twi'e Achdel en de „Preußische", —
Jedold: — — et soll wahl ku'eme.

Witte We'iter

Se dörfe de irschde Kiehr als „Engelkes" jo'en.
On se send et och noch.
Kiek se dech aan, — alles es Onschold an dänne on se denke noch nix quods.
Dat stiefjestärkde Kledsche möt die kruse Volängskes hät de Motter möt vüel Fließ jenett on jebüjelt.
On die körte Hoorstertsches häbbe en Neit lang op Babbeljöttsches jesäete on nou send et Krolle on Löckskes.
On wie die Blage die Blömkes drage. En bettsche stief, — en bettsche efällig.
Wä die Krotte vürjister jesi'ehn hei, wie se an't spi'ele wore.
Do'e wore se Lehrerin off Motter, — de'ie Köckskes backe off möt Knied op de Stupp mo'ele.
Dat bettche tärje on tagge, dat ku'eß mer ne'it als Fennigki'et tälle.
Mar, wä hei do'e jedeit, dat se nou akrat su'e sech utnäehme, als off se ut dän Hi'emel köeme.
Die Schnirp, die do'e an de Rennsti'en sti'eht, möt ühr jeklürde Leppe on ühr jebrennde Hoore, derr wörd et en bettsche wärm öm et Hert, wenn die die We'iter trecke süht.
Wett se doch, dat se all dä düre Vermaak, dä se an sich hät, jäer op de Stell tusche möit, küeß se selvs noch ens als „Engel" trecke, wie die Krotte.
On wenn en Stond laater de Motter dat i'en off dat anger van die Kli'ene wier an de Hank nömmt, — es se ne'it selvs en bettsche stolt op dat Kle'in?
Witte We'iter send wie de böwerschte Tüen op en Vijelin van en jru'et Konzert. On wir blo'ese de Trö'et, off haue op de Zimm.
Ech kenn en Frau, die vör Johre ühren Dokter jemäckt hät, on vandag all Böersch hätt, su'e jru'et wie enne Dürerahm, die hät ühr Kränzke möt witte Stoffru'ese on no'ejemäckte Vergißmeinnicht en en Du'es van witt Jlanzpapier en de Kaas legge, näewen et Dokter-Diplom, on onger et Täschke ut echt Schlangefell.
Minnt ihr, — do'e deit die sech nix be'i?
Oh, — wahl.

Sonnesmorjes!

Sonnesmorjes werd ech ömmer
Avvjehollt on nett jebreit.
Ein off twi'e, döcks drei Jeselle,
Van de Kirketur sech melle,
On dat ös mech jäer on reit.

On ech hür die Klocke sägge:
„Komm, lott os tesame john!"
Bemm, bamm, bomm, en nett Jewennde,
Jonnt wir dann wie ahl Bekännde,
Die sech kenne on versto'ehn.

Mar, wenn Fierdag dä Kalender,
Mech deet wiese, — stellt Öch vür,
Donnt mech neet blu'eß twi'e dann ho'ele,
Näe, dann ku'eme allemo'ele,
Stont möt fief dann an minn Dür.

Jedde wett jett tu vertälle,
Van de Neit on Mo'en on Stäer,
Ovv ech och hei jout jeschlo'epe, — —
Kiek, die Kirkdür steht all o'epe,
Höersch, — hee wonnt jo'e osen Häer.

Bemm, die kle'in, on bomm die jru'ete,
Wörd kin Wörtsche miehr jeseit, —
Sonnesmorjes, ahl Jewennde,
Werd ech van min Klockefrönde
Avvjehollt on nett jebreit.

Dat leggt an et Wäer!

Wenn dän Owe ens dämpt, on et Elsteroog piert,
Wenn de Waterkrahn schwett, on de Räeje dech stürt,
Wenn voll Rheuma die Knöek, on et löit kinne Stäer,
Dann sägge de Lüh: Dat leggt an et Wäer!

Dou schlöpps jäer jett lang, kanns neet ut et Bett,
Dech ärjert en Fle'ig, on kickst och benött,
Wenn angere dech terje möt Bötz on möt Bläer,
Dann sägge de Lüh: Dat leggt an et Wäer!

Dou löpps wie 'ne Doll, häß Tiet miehr wie jenog,
Dou kömms an däm Bahnho'ef, do'e fährt dinne Zog,
Dou mullst on dou deuwelst noch fies eiterher,
Wat kann et dech helpe: Dat leggt an et Wäer!

Kinne Jrosche op Sack on de Erschde noch wiet,
Dou wörs on dou wörs dinne Öerschel neet quiet,
Bee dech op de Eck brennt wier kin Lantäer,
Jenau su'e wie jister: Dat leggt an et Wäer!

Dou minndest et jout, wählst de falsche Partei,
Häß Loß op en Kotlett on kriß blu'eß en Ei,
On dat es noch kli'en, on hart näewenher,
Vleets sätt dann din Frau: Dat leggt an et Wäer!

Benzing, dat es knapp, on Öel dat word dür,
Dou etts wie en Mösch, din Jewe'it, dat wörd miehr,
Etts säeß Teller Zupp, blivvst le'it wie en Fäer,
Dann säste dech selwer: Dat leggt an et Wäer!

Dou möits ens jäer senge, on blu'eß kickste wies,
Sent angere rosa, dann sühste blu'eß jries,
Jäev dech ennen Däu, — dou laachst doch su'e jäer, —
Probier mans, et klappt all: Dat leggt neet an et Wäer!

Zimärte op en nöie Art!

Dä Mann, van däm hee dä Kall es, schri'ev sech Martin Lohstetter, on hat bute vör de Stadt twi'e jru'ete Betriebe legge, — „Eisen- und Metallbau Rotor", die prima florierde.

Selws wonnde hä en enne Bungalow möt en i'eje Schwemmbassin, medden en enne Park voll van utjefalle Böim on hat och en Drievhus möt mexikanische Kaktusse, Orchidee on seldene Plante.

Hä ku'eß en Färke opblo'ese, hat en nette Famillij, twi'e Böersch on en Mädsche, on ko'em möt der sin, on möt sin Wirker prima ut. Och sinne Betriebsrat ku'eß nix schleites van öm sägge on dröm wor et öm och te jönne, dat hä sech enne jou'e Dag aande'i. Det Johr wor hä vier Wäeke en et Tessin en de Schweiz möt sin Famillije jewäß, on en de Wenkter jeng et och noch en de Alpe op Schi-Urlaub. Wie jeseit, — dat wor Martin Lohstetter, dä op vandag en de Stadt jefahre wor, öm sech ens enne nette Owend te maake.

En Stadt, en de November, wenn et op dän Owend aanji'eht, hät ömmer et selwe Jesi'ech: — die Autos döie sech dur de Stroote, et wörd jehupt on de Bremse aanjetrocke, en Lektrisch quietscht dur de Schi'ene, de Lü lu'epe ani'en langes, jidder hät möt sech te du'en on et Radio hät Früüs on Jlatties aanjeseit.

Van alle Kante schreit et Le'it van de Reklame on ut de Schaukääs fällt i'enem et Neon-Le'it en de U'ege. Mar all dat kann neet helpe, dat de Mensche su'e van Herte fru'eh send, jidder pöngelt möt sin i'eje Jedanke eröm, örjes wo her.

Vüre an de Eck, do leggt die Nachtbar „Exotus". Hee ji'eht et des Neit wier ronk möt Whyski, Sekt on Mädsches, die neet vüel aanhäbbe. Onger en Lantäer, en paar Schrett van dä Portjeh möt die blanke Knüep on dat Lametta op dä blaue Mantel sti'eht er enne, dä jarneet en dat Beld passe well. Enne jonge Mann, halv noch Lällbeck, möt en verscho'ete Windjack aan on Löeker en de Schuhso'ele. Hä kickt üewer dat Jewimmel van Mensche, die kin Oog für öm häbbe. Vleets es hä jister ut en Sanatorium op de Stroot jesatte worde, off kömmt hä vleets ut de Pott, — es van Hus wegjelu'epe, vleets och möt enne Scheck durjebrennt? Wä wett et? Nörjes es hä te Huus. Ut die Bar kömmt nou ose Martin Lohstetter, Fabrikant on Baas van 150 Wirker. Su'e tösche verzig on fiffzig kann mer öm halde, prima aanjetrocke. Hä ströppt sech de Nappahändsches üewer. En sin Jesi'ech sti'eht et te läese, dat däm dä Kro'em do'e drenne neet ärg no de Mütsch wor, vleets hät mer öm och jeseit, dat irsch en en Stond dä Lade opjemäckt wörd.

Hä krost en de Täsche van sinne Mantel on treckt de Schlüetel van sin Auto erut. Dä dredde Wage reits, — dat es der sinne: enne Mercedes 300, violett. Op dat Daak spi'ejelt sech dat Leet van all die Lampe on de Reklame en dä violette Lack.

Do'e fällt sin Oog op det Höpke van Mensch, onger die Lantäer on merkt, dat do'e dän U'esel Baas es. Enne Momang blivvt hä sto'hn, die Autoschlüetel noch en de Hank.

Son Ärmseligki'et! Die Stadt, — die Bar, — dat Auto, — dä janze Kro'em es op ens bee Martin verjäete. Hä jrippt eiten en de Boxetäesch, wo et Portemonneh sett.

Mar, — do mott öm wahl jett angersch enjefalle si'en. Hä treckt sinne Wenktermantel ut, van bönne janz möt brune Pelz utstaffiert, on hängt dä däm ärmen Hals onger die Lantäer üewer dat Spennejewävvs van Windjack.

En Mädsche, dat an die Twi'e langes flankiert, opjemäckt wie enne Pauhahn on knallru'ede Leppe, dat op enne Kavalier für dessen Owend erut es, laacht möt en dreckig Lache üewer dat, wat sech hee di'et.

Ose moderne Martin ävver stürt sech neet draan. En drei Schrett es hä bee sinne Wagel, — jövvt Jaß, on hät de nächste Ampel en't Oog. Medden tösche Neonlampe, Bars, Autos on Lades voller utjefalle Saakes jövvt et noch enne Mensch, dä op en nöie Art on Wies bewißt, dat op vandag mer neet Zoldat on Bischof si'en mot, öm enne ärmen Hals te helpe. Martin Lohstetter, van de Eisen- und Metallbau Rotor", — Zimärte op en nöie Art.

Helm täeje Mitra

Öm de Zimärtesdag hat et all ömmer vüel Quessiu'ene jejäewe.

Stong et faß, van wäm mer dä Schimmel jelennt kri'eg, wor et lang neet ömmer klor, war vönne Bäcker die Weckpoppe liewere dörfde. Wäejes de Päekfackele hade sech janze Famillije Johre lang neet aanjeki'eke. Wor mer hee für die kleene, die vier Jrosche bellijer wore, minnden die angere, die, möt die lange Knöppels, die wöre bäeter.

On dann die Musik. Vier Kapelle send miehr wie jenog, seit die ein Sie, mar die angere minnde dat minnstens säeß Kapelle en de Zog möttrecke müeße.

Blu'eß für Zimärte hade se Johr für Johr mar i'ene Kandidat. Dat wor Mertens Martin, dä all twi'eontwentig Johr op dat Päerd jesäete hat, on dobee hedde dä möt Vürnam jenäu su'e wie dä Hellije.

An't Eng wore se doch ömmer en i'en Schepp jeko'eme, on die Blage trocke möt ühr Fackele eiter dat Päerd, on kräeje och ühre Weckmann off en Blo'es.

En dän Tiet, wie de Demokratie opko'em, do'e word et irsch reit doll, on et hei neet vüel jefellt, dann wör en et Parlament näewe die angere Fraktion och noch en „Zimärtes-Partei" enjetrocke.

On wat wor dä Jronk?

Hat dech doch i'enes Dags op son Comité-Versammlung i'ene enne Mißtrauens-Antrag täeje Zimärte enjebreit, dä jeddes Johr als Zoldat op dat Päerd so'et. Off dat neet bekännt wör, dat dä Kommiß doch nix miehr te sägge hei, alles kallde van Abrüstung dröm paßde enne Zimärte als Zoldat neet miehr en dän Tied. Enne Kengerfrönd möt Helm on Säbel, dat wör kin Aki.

Oh, wi'eh! Do'e jengen die angere ambord. Hä soll mar janz kusch si'en, wäejes dat hä nie bee de Preuße jedennt hei on ömmer en de Etappe jewäß wör. Dat wör doch kinne Jronk, ut Zimärte enne Zivilist te maake. Womöt dann Zimärte sinne Mantel uteri'e haue soll, wenn hä kinne Zabel miehr hei?

„Dat Wort „Zivilist" möit ech üewerhürt häbbe", seit die angere Fraktion. Enne Bischof es kinne Zivilst, dat es en Eminenz.

Do'e fenge die angere an te laache. Utjeräekent Titele en de Debatte te schmiete. Dän Tiet möt die Durchlauchts on Majestäte wör vörbee. Et jöev mar blu'eß noch Bürger on Jenossen. Hä soll mans en't Jronkjesetz kieke.

„Hab ech jedo'en!" seit dän angere. „Mar ihr häbt wahl net jeläese, dat do'e och Paragrafe van Meinungsfreiheit drenn stont. Dat lott ech mech neet näehme, — van Öch all jarneet."

Dat wor jenog für Striet. Dat wor kin Diskussion miehr, dat wor enne Volksaufstand. Parole „Helm" täeje Parole „Mitra". Mer kallde all van enne Demonstrationszog.

Ronköm kallde kin Mensch miehr van CDU on SPD. Et jo'ev blu'eß noch Zorte, die et möt de „Barras" he'ile, on son, die et „Domkapitel" als letzte Instanz aanki'eke.

Die „Bischofspartei" schri'ev an de Vatikan. Et müeß sofort en Konzil avvjehalde werde, wat bestemmde, dat die Blage möt ühr Fackele blu'eß eiter enne Bischof trecke dörfde.

Ja, Mahlzeit! Öm däselwen Tied kräeg dä Verteidigungsminister enne enjeschri'ewe Breef van de „Alte Kameraden Fraktion". Wenn hä neet durkalle de'i, kräeg hä de Bundeswehr wier avvjejri'epe, on küeß sech nöien Ärbet söcke.

Monsignore Ravelli schriev ut Rom: „St. Martin war Bischof von Tours und der französischen Kurie unterstellt, der Vatikan ist dafür nicht zuständig." Peng!!

On en dat Schrieves ut Bonn van et Verteidigungsministerium stong: „Römische Legionäre stonge neet onger sin Kommando, do'e hei de UNO drüewer te sägge. Dat wör Einmischung in innere Angelegenheiten einer fremden Nation."
Simm!! Nou mu'eß jett passiere. Die „Kommiß-Partei" woll kin Kirkestür miehr betahle, on dä Spitzenkandidat van de „Bischof-Fraktion", dä Tambour-Major bee et Trommlerchor van de Barras-Anhänger wor, leit sin Pöske nier. Ohne däm ku'eß ni'emes bee dänne flüete on op de Zimm haue.
Do'e tro'et och dä Pastur ut de Schützklub uut, offwahl dat de „Sebastianus-Bruderschaft" wor. Kin Mensch wu'eß miehr, wat vüre on eite wor.
Nou jo'ev mar blu'eß noch en Ko-Extistenz.
On su'e es et och jeko'eme. Et jo'ev t w i ' e Zimärteszög. Zimärte van dä Zog möt däm „Bischof" wor früher ens Kompagniebäcker jewäß. Wäejes dat hä nou de Weckpoppe für dä Zog van de „Bischofspartei" backe dörfde, li'et dä sech dat Verdenrs neet dodur jo'ehn.
On dä Zimärte van die angere Fakultät, dä wor en sin bäeste Johre sojar Provisor on Oberklengelsbüllmann en „Zint Querinus" en Nüß jewäß. Schließlich lieferde däm sinne Schwoger dat Feuerwerk für dä Zog van de „Kommiß-Partei".
Bee sonnen Duri'en, woren et och die Blage ejal, eiter wat vönne Zimärte se trocke. Se songe dieselwe Ledsches, on kräeje och die jlieke Weckpopp.
Die verstonge nix van "Diskrepanze auf höchster Ebene".
Blu'eß die twi'e Beddler, so'ete möt ejal vüel Löeker en et Kameso'el en dän Dreck on jüemerden öm en halve Mantel.
Übrijens: die twi'e Zimärte häbbe laater an de jlieke Thi'ek, en dieselwe Wirtschaff sech enne Wacholder ut dieselwe Fläsch op de Lamp jeschott.
Für su'ejett sätt mer och „Burgfriede" on mer kann aannäehme, dat en dat Johr drop die twi'e Parteie sech en Fusion üewerlägge.
Die Blage es die „Ko-Existenz" ärg jout beko'eme — — —.

Hongerttwentig Johr ongerwäejes

En Stöckske, wat wohr passiert es

Enne Kreewelsche Koopmann wor vör en Johr off dörtig no'e Amerika utjewandert, wonnde en New York, on hat en Pößke, wat öm vüel van de Welt te si'ehn jo'ev.

Su'e ko'em hä och vör Johres ens no'e Honduras, en de Nöih van Tegucigalpa, tösche die twi'e Ozeane be enne Bekännde, dä früher ens Uhrmäeker en Kriewel jewäß wor on all bald fiffzig Johr op de angere Sie van de Jlobus wonnde.

Allebeds hade se en Hängke für et Sammele van Fre'imarke, für de Philatelie, on dröm es et neet te verwongere, dat die Twi'e en paar Stöndsches laater bee ü h r Thema utjeko'eme wore, on dä Uhrmäeker de'i sinne Bekännde sin Album wiese, möt die utjefalle Stöcker drenn.

Bee dat Spinxe on Lure fi'el dä Koopmann en dat Album, wo'e mar blu'eß alde, seldene Stöcker drenn wore, en Fre'imark en et Oog ut et Johr 1858, ut dän Tiet, wo'e et mar blu'eß en „Königreich Preußen" jo'ev möt de Kopp van Friedrich Wilhelm IV. drop: „Ein Silbergroschen". Mar wat däm besongersch en et Oog fi'el, dat wor enne Stempel, klor te läese: ST. THOENIS.

Wor hä doch vör vier Mont, wie hä wier ens en Europa jewäß wor, och für en paar Stöndsches bee enne Fröönd en Zint Tüenes op de Kaffe jewäß, on utjeräekent wiet en de Welt, wo'e de Zucker on de Kaffe waßen di'et, kömmt öm de Nam „Zint Tüenes" vör de Ooge. Dat mot wähl dä Uhrmäeker ut Honduras däm aanjemerkt häbbe, wat dä Stempel sinne Bekännde vön Freud jemäckt hat. Körter Hangk kräeg hä die Fre'imark ut sin Sammlung on schenkde sinne Besöck dat selde Stöck, öm dat hä laater noch ens an öm denke soll. —

Wie nou en et Johr 1965, vier Johr laater, dä Kriewelsche wier ens an os Kant wor, breit hä dä „Silberjrosche" möt op en Vertällstöndsche möt no'e Zint Tüenes als „Souvenir".

Nou war dat Stöck wier „tu Hus" on mer kann sech Jedanke dodrüewer maake, wä wahl vör miehr als hongerttwentig Johr die Fre'imark op Reis jescheckt hät. Si'eker dat, die es dur allerhanks Häng jejange, ihr se en dat Lank utjeko'eme wor, wo'e Kakau on Banane waße, de Felder voll Zuckerrohr stont on wo'e et Jold- on Selvermine jövvt.

Wenn dat selde Stöck vertälle küeß — — —.

Nou es et wier do'e utjeko'eme, van wo'e et de Reis aanjeträene hät: — Zint Tüenes — Honduras — New York on wier Zint Tüenes. Mar dä „Spätheimkehrer di'et de Monk neet o'epe.

Die Fre'imark es jlöcklich, wier tu Hus te si'ehn, wenn et och hongerttwentig Johr jedürt hät.

Dä Regulator

Wat en Klock erlävvt hät

Su'e öm 1862 eröm kräeg dä Weäver Jean K. on däm sin Frau Bertha en Zint Tüenes enne Jong, däm se Cornelius rope de'ie.
Hä word enne reite Borsch, jeng no de Scholl, ko'em bee en Coleur-Färvere'i en Kriewel en de Liehr, word laater Mi'ester, on no'ehm sech öm 1894 eröm en Zint Tüeneser Mädsche als Frau.
Hä song für sin Läewe jäer, jeng en enne Jesangverein, hat Frönde on so'et möt dänne an de Stammdüesch. Et ko'em dat nöie Johrhongert on hä fierde als 57 Jöhriger sin Selwerhochtiet.
Sin Frönde ut dä Jesangverein van de irschde Baß, breiten däm an dä Fierdag für de „bäeste Stu'ev" en Klock möt, — enne Regulator. En utjefalle Stöck, möt Rosette, Süllkes, möt Muschelreliefs on Schnörkelkro'em. Wie jeseit, se ku'eße sech domöt si'ehn lo'ete.
Dä Chronometer schlug twi'e Johr lang van de Wank de Stonde en dän Siewäeverschhushalt, öm dann kört vör de Inflatiu'en 1921 möt en en nöie Wohnes no'e Kriewel te trecke. Hee hät hä bös 1928 treu on brav jewi'ese, wie laat et wor, on jedde Stond ko'em et „pengpong" ut dat Käeske.
Öm dän Tiet eröm wird dä Färvermi'ester invalid jeschri'ewe, on jo'ev et Wirke draan. Die twi'e Kenger van öm wore längs jru'et on och all jetrout. Als sin Frau 1935 storv, so'et hä en sin Wohnes an de Moritzplatz alle'in, on blu'eß dä Regulator seit öm, dat dän Tiet verjeng.
Op ens woll et neet miehr möt öm, hä wor et Alle'insi'en satt on jeng en et Altmännekeshus. Om dän Hushalt kömmerde sech de Stadt. Blu'eß en paar Denge no'ehme sech sin Kenger als Andenke möt. Für dä alde Regulator hade se kin Oog. Te Hus stong bee dänne op de Kredenz on Konsole-Uhr möt Westminsterschlag. Wat soll mehr do'e möt son alt Frikko van Wankuhr aanfange.
Su'e ko'em dat utjedennde Stöck van Klock möt Pottbank on dat angere Möbelemang en en Kellerhött van de Fuhrpark, wo'e dä janze Pröll van Rentner-Wohnesse ongerjebreit word.
Dann ko'em dä twedde Krieg, möt Bombe, Honger on U'esel, on wie alles üewer wor, wollde och dät Läewe no'e 1945 für et irschde schleit op Schött ku'eme.
Selws en et Stadthus so'et mer op waggeliche Stöihl vör Holtregale. Öm dän Tiet trock mer och dä Regulator wier an et Dagesle'it on hä ko'em en et Kantur van dän „Häer Direktor" te hange.
Hee ki'ek die Klock Dag für Dag op dän Ture van de Dionysiuskirk möt dat kapodde Daak. Drei Johr lang hät se hee utjehalde, do'e

ko'em 1948 wier bäeteren Tiet. Se ko'em van de Wank, on lo'eg wier en en Büro eiter en Spind. Et jo'ev noch kinne Sperrmüll, — do'e wör se si'eker on jeweß utjeko'eme.

Mar enne Student, dä en O'eke studierde, däm de'i die Uhr li'ed, hät se jett oppoliert on van 1957 aan hong se en sin „Bude" en de „Prentestadt". Wievüel Stonde hät se et neits möt ühr „Tick-tack" möt däm tujebreit, als hä für sin Diplom an't wirke on an't räekene wor.

Wie dann 1964 die Professore ut däm enne „Doktor" me'ike, do'e word och däm sin „Bude" wier utjerümmt on möt dä angere Kro'em log se en enne Kofferraum van en alde „Fiat". Et jeng wier op Reis no'e Zint Tüenes.

Eiter en Äerpelskiß, op en alde Kommu'ed, wor se wier onger de „Invalide" jero'ene.

Möt dän Tiet ävvel ko'eme alde Kaffemüehle, Schetspoule on Nippsaakes wier en de Wert. Dröm no'ehm sech en jonge Frau, en Zint Tüeneser Mädsche, die enne Frönd van dä Student jetrout hat, dat selde Stöck onger dän Ärm, on nou jeng et möt die Klock no'e der ühr Wohnes an de Waterkant, — en Hamburg.

Hee word dä Regulator modernisiert. Et irsch mu'eß die Muschel draan jlüewe, dann die Polönsterkers, die Rosette on die janze Schnörkelei. Wat üewer bliev, wor dat Uhrwerk on dat Käske. Dat word och noch möt hellblaue Lack jepinselt. Die Klock hät jejri'ene!

Nou hürde se van ühre nöie Platz dat Tute van de Schepper van de „Südamerika-Linie" on wenn van Fuhlsbüttel ut die jru'ete Vüejel en de Lout jenge.

Mar, se ji'eht op de Minütt, on lött sech van de Zeitansage van et Fernsehn nix no'esägge.

Wie en nöi Tapet en die Stu'ev ko'em, on die Klock wier ens van de Wank jeno'eme word, fong mer eite op de Röcksie van dat necke Holt enne verscho'ete Jummistempel: „Gottfried Haffmanns, Juwelier und Uhrmacher, St. Tönis". —

On domöt es dat Stöck am Eng. Kü'eß dat Ührke vertälle, et wüeß te kalle van enne Färverschhushalt an die Moritzplatz en Kriewel, wo et Tute on Klempe van de „Schluff" te hüre wor, — van en stell Rentnerstövke, — enne Lagerkeller, — en Direktor-Büro, wo'e de Klocke van Dionysius mer lühe hüre ku'eß, — en Studentebud, kört bee dän Dom on O'eke, — enne PKW, — on nou, — van en Stu'ev en Hamburg, wo'e Kenger spi'ele on laache.

Üewer fiffzig Johr hät se de Mensche jeseit, wat de Klock jeschlage hät, ömmer wier op en nöie Art.

An dän Anfang on an et Eng van ühr Läewe wore Mensche öm se eröm, die van ühr Art wore. Dröm hät se och nie reit jetrurt, bliev möt dänne doch — en Stöckske Heimat.

Die Schöttspoul

Kajäere ös jru'ete en de Mu'ede,
Möt Auto on Jumbo on Jet.
On wäe enne Bob off en Schi hät,
Dä jöckt en de Alpe domöt. —
Wäe kennt noch dat Scheppke, dat kleene,
Dat hät kinne Anker, kin Heck,
Kin Segel on kin Kajüte,
On och kinne Käpt'n an Deck?

En Spöllke, van Sie send die Fämkes,
Dat ös däm sin „Ladung" on „Fracht",
Kennt nix van Hawaii on St. Pauli,
On Steuermann, — wör doch jelacht.
Et schreie kin Möve, — kin Wimpel
Die hange bee öm an de Ling.
Et Tau, dat ös für öm alles,
Möt Kettboum on möt en Bobing.

Bee Hummel, on Scharnow, Touropa,
Kin Mensch, dä dat kennt oder wett.
On wellste en Seefahrt ens maake,
Do'e kriste bestemmt kin Billett.
Bee os, do'e wi'ete die Wäever,
Die Alde on Jonge Beschi'ed,
En Schöttspoul? En Schepp für et Täuke, —
Dat kennste, söns deest dou mech li'ed.

Nostalgie
Wat längs mer verjäete,
Dat wörd wier modern,
Jedder, dä fengt dat wier schüen.
Die Löit möt Petroleum,
Dät Pöttsche ut Zenn, —
Jugendstil mot et wier si'en.
Je älder, je bäeter voll Blöttsche on Schröem,
Et livvst mer en Klock ohne Zifferblatt nöehm.

En Spennrad, wat streikt,
Voll Holtwurm dä Kaas,
Steht wier bee os an de Wäng.
Courths-Mahler on Marlitt
On angere Kro'em
Häbben et wier an de Jäng.
Enne „Röhrende Hirsch", möt Damp ut de Schnuut
Als Beld üewer't Zofa, dä mäckt vleets jett uut.

Dä Flohmaart, dä blütt,
Do'e steht all dä Kro'es, —
Jonn möt din Fräuke doher.
Mar täll irsch din Jrüemels
On frog wat et ko'eß,
Wongerst dech söns eiterher.
Ech ro'en dech: Kall Platt!, dann fluppt et wie nie,
Platt ös wahl van aldersch, doch k i n Nostalgie!